Guía Para La Liberación Plena del Deseo de Consumir Drogas

Cómo salí de la dependencia de Drogas y Perdí el Deseo de Consumirlas

Edición Revisada
2024

Juan Sierra
Autor

Resumen de lo que puedes aprender en este libro:

- Que es posible experimentar liberación plena del deseo de consumir y abusar de drogas que destruyen o dañan.
- Que se puede alcanzar la libertad plena, pero hay que pasar un proceso para lograrlo.
- Que existen varios procesos. Hay que participar de uno o varios procesos, que nos funcione.
- Cambiando la forma de pensar, a través del proceso que escojas para liberarte, es la manera de alcanzar permanencia en la transformación/liberación.

Dedicatoria

Gracias a todos mis maestros (los que me ayudaron, los que perjudicaron, los que inspiraron, los que destruyeron) en mi proceso de recuperación y restauración de mi vida del abuso en el consumo de drogas. Gracias a Syndee quien me sigue inspirando a ser mejor ser humano y a publicar la primera edición de este libro. Gracias a mi hijo Haniel que me inspiró en parte a dejar de consumir. Gracias a los hijos que me regalo la vida Néstor y Nina. Gracias a usted que está leyendo esto.

Sobre esta edición revisada

He tenido una variación en mi visión de cómo atender y hablar del problema de la adicción/desorden en el abuso de sustancias. En esta etapa de mi vida, experiencia adicionales adquiridas y nuevos conocimientos obtenidos, tengo una visión más amplia de cómo bregar con la problemática.

En esta edición revisada expongo más alternativas efectivas para bregar con la problemática del abuso de drogas, aunque los principios básicos para lograr la liberación plena se mantienen en vigor. Espero que este libro, le ayude e inspiré.

Para contactar a Juan Sierra para talleres, charlas, o recovery coaching, puedes llamar en Puerto Rico al 1-787-452-2208, o escribir correo electrónico: juanjaimesierra@gmail.com

Tabla de Contenido   **página**

1. Para quien es esta lectura

Este libro va dirigido principalmente para aquellas personas que tienen o creen tener la condición de adicción a drogas o que sientan que tienen algún trastorno/desorden en el uso de sustancias/drogas legales o ilegales. También va dirigido aquellas personas que erróneamente piensen que alguien con la condición de adicción o trastorno en el uso de sustancias/drogas es una persona que siempre estará teniendo problemas a causa de las drogas (consumiendo y abusando de drogas y deseando siempre consumir y abusar de drogas).

Si usted o alguien que usted conozca tiene alguno de los siguientes síntomas, este libro puede ser útil: 1) Ingerir sustancias/drogas en cantidades inadecuadas o por más tiempo del que debe, 2) Querer reducir o dejar de usar la sustancia pero no se logra, 3) Pasar mucho tiempo obteniendo, usando o recuperándose del uso de la sustancia, 4) Antojos y ganas de usar la sustancia, 5) No logra hacer lo que debe en el trabajo, el hogar o la escuela debido al uso de sustancias, 6) Continuar utilizando, incluso cuando causa problemas en las relaciones, 7) Renunciar a importantes actividades sociales, ocupacionales o recreativas debido al uso de sustancias, 8) Usar sustancias una y otra vez, incluso cuando te pone en peligro, 9) Continuar usando, incluso cuando sabe que tiene un problema físico o psicológico que podría haber sido causado o empeorado por la sustancia, 10) Necesitar más de la sustancia para obtener el efecto que desea, 11) Desarrollo de síntomas de abstinencia, que pueden aliviarse tomando más de la sustancia[1].

El que escribió este libro ha sufrido en su vida la condición de adicción, con un trastorno en el uso de sustancia, pero lleva años sin abusar de sustancias. Más importante, hace años el que está

---

[1] Estos criterios sobre el trastorno por uso de sustancias, es según el DSM-5.

escribiendo perdió el deseo de consumir y abusar de drogas que destruían su vida.

¿Un adicto que no consume drogas, un adicto que no abusa de drogas y que no tiene deseos consumir drogas que destruyen su vida? ¿Es eso posible?

En un momento dado en mi vida me hice las preguntas que te acabo de plantear. Yo no me consideraba un adicto. Para mí un adicto era quien se pasaba en los semáforos de las calles deambulando, pidiendo dinero para consumir drogas. Yo no era así. Yo tenía estudios universitarios, licencia profesional, hombre de familia, tenía un hogar… En fin, según mi criterio, yo no era un adicto.

Aunque no me consideraba un adicto, reconocí que estaba enfrentando un problema con el consumo de drogas ilegales, particularmente la cocaína. Pero, siempre pensé que podía controlar el consumo, reponerme si abusaba y podía seguir de lo más bien. Eventualmente el consumo de drogas comenzó a controlar todos los aspectos de mi vida, provocando destrucción en mi ser, familia, amistades y trabajo.

Pude reconocer que tenía el mismo problema que las personas que estaban en la calle pidiendo dinero para drogarse. Que estaba igual de "jodío[2]" que aquel o aquella que estaba pidiendo dinero en la luz. Yo no estaba deambulando, pero estaba fastidiado escondido en mi casa, en mi auto o en un motel por los efectos en las drogas en mí y para seguir consumiendo y abusando de drogas. Acepté que tenía la condición de adicción (trastorno en el uso de sustancias) y busqué la ayuda adecuada para mí, para dejar de consumir drogas. <u>Lo que no sabía era que</u>

---

[2] En este libro me esfuerzo por evitar usar palabras malas o soeces, en lo más que pueda…

<u>también podía liberarme de forma plena, completa y absoluta del deseo de abusar de drogas/sustancias.</u>

Pensaba al principio en mi proceso de cambio que, siempre iba a tener problemas con el deseo de consumir drogas. Creí que iba a poder dejar de consumir drogas ilegales, pero que siempre iban a existir momentos de deseos de consumir sustancias que perjudicaban mi vida y que tenía que estar luchando con esos episodios de deseo de consumir por el resto de mi vida.

Cuando experimenté por primera vez el pasar por un lugar donde venden drogas ilegales, donde podía encontrar la droga de mi predilección y no sentir el más mínima deseo de entrar a comprar drogas, me di cuenta de que había surgido un cambio en mí. Cuando tuve acceso inadecuado en una ocasión a cocaína en una bolsita en mi mano y no tuve ningún deseo de consumirla, me dije a mi mismo: "¡Wow! haber perdido el deseo de consumir y abusar de drogas es lo más espectacular que me ha pasado en mi vida de adulto.

Posterior a mi experiencia de haber sido liberado plenamente del deseo de consumir drogas, me percato que muchas personas adictas y no adictas no conocen que se puede experimentar la LIBERACIÓN PLENA POR EL RESTO DE LA VIDA, UN DÍA A LA VEZ, DEL DESEO, OBSECIÓN Y COMPULSIÓN DE CONSUMIR Y ABUSAR DE DROGAS.

Recuerdo que solía decir en los grupos de apoyo de adictos los cuales frecuento que no tengo problemas con drogas, porque no consumo drogas y perdí el deseo de consumir y abusar de drogas. En una ocasión, luego que se terminó una reunión de grupo de apoyo en donde volví a expresar que se puede dejar de tener problemas con drogas, se me acercó un adicto molesto, reclamándome que yo no podía estar diciendo que yo no tengo problemas con drogas, porqué las drogas siempre van a ser un problema para mí. En ese momento me percaté que hay personas con la condición de adicción/trastorno en el uso de drogas que no saben que se puede vivir plenamente libre del deseo de consumir drogas. Ese adicto molesto conmigo eventualmente se fue a consumir drogas[3], pero yo me mantuve limpio y llevo más de 13 años sin consumir drogas ilegales ni abusar de ninguna droga a la fecha de publicación de esta primera edición revisada.

Si usted piensa que puede tener un problema de adicción, la información que vas a leer en este libro puede revolucionar y evolucionar su vida por el resto de sus días. Si usted tiene problemas con drogas/ abuso de sustancias y lees este libro con real deseo de dejar de consumirlas, vas a estar encaminado o encaminada a dejar de consumir drogas y a dejar de tener problemas con drogas. Lo vas a poder lograr si realmente estas dispuesto o dispuesta a realizar unos cambios necesarios en su vida.

Yo pude alcanzar la liberación del consumo y abuso de drogas que fastidiaban mi vida participando en grupos de apoyo de 12 pasos en donde es importante la práctica de la abstinencia del consumo de drogas. Pero, reconozco que hay otro procesos y modelos de recuperación del problema del abuso de sustancias que no tienen que ser necesariamente a través de procesos de abstinencia completa o práctica de principios de naturaleza espiritual o religioso. Como lo hice yo, no es la única forma.

Hay personas que han tomado la decisión de dejar de consumir drogas y lo han hecho sin la intervención de nadie más. Otros han logrado dejar de consumir drogas a través de la Iglesia, hogares de rehabilitación, programas de desintoxicación. Otros lo han hecho asistiendo a profesionales de la salud, como adictólogos, sicólogos y psiquiatras. Otros lo han logrado

---

[3] Ese adicto que me refiero, al día que escribo esto, volvió nuevamente a encarrilar su vida, cambió su forma de pensar y mantiene una vida en proceso de recuperación hace más de 6 años.

mediante hospitalizaciones en lugares para pacientes con condiciones mentales. Otros lo han logrado a través de grupos de apoyo de adictos (ej.: programas de 12 pasos). Otros han logrado salir del problema del abuso de sustancias mediante tratamiento médico asistido (MAT). Otros lo han podido hacer a través de una mezcla de las alternativas mencionadas.

Como puedes apreciar, hay alternativas para enfrentar con éxito el problema del abuso de sustancias legales o ilegales. Ahora bien, ¿Qué modelo o programa o sistema debes utilizar para enfrenar con éxito el problema del abuso de sustancias/drogas?

¿Cómo usted puede saber que un proceso o modelo de recuperación funciona? Sencillo. Usted puede ver en su vida los siguientes 3 resultados: 1) Deja de abusar de drogas, 2) Se pierde el deseo de abusar de drogas y 3) hay un cambio en su forma de pensar y vivir. Si no se experimenta los 3 resultados mencionados se tiene que considerar si se está trabajando adecuadamente el modelo/proceso de recuperación o si es hora de hacerlo de otra forma.

A continuación, le presento parte de mi historia y lo que hice para alcanzar la liberación plena del deseo, obsesión y compulsión del consumo de drogas.

Sugerencia sobre cómo leer este libro: Cada tema expuesto con letras alfabéticas en la Tabla de Contenido puedes leerlo aparte, por separado, en el orden que quieras, cuando quieras leer. No tienes que seguir el orden del libro, sigue conforme te haga sentido. Este libro es para ayudarte, no mortificarte. Disfruta, vive, se libre, sal de la oscuridad y la prisión mental del abuso de sustancias.

2. Todo empezó con querer pasarla bien.

No siempre tuve problemas con el uso de drogas/sustancias[4]. Utilizaba para entretenimiento o escape de mis circunstancias. Lo hacía para pasar un rato agradable con mis amistades. Así comenzó con el uso y abuso del alcohol, y luego con el consumo y abuso de la Marihuana.

Me percaté para aquel entonces que me gustaba salirme de mi realidad. En mi caso no me llamaba la atención beber, pero me gustaba sentir el efecto de "la nota" del alcohol. Literalmente tomaba el "trago amargo" para pasarla "chilling" con mis amigos. Mi expresión facial al tomar vodka o whisky era como si me estuvieran pellizcando un testículo, pero, como quería sentir los efectos de la nota del alcohol, pasaba el pequeño sacrificio. Luego descubrí la marihuana[5] y me percaté que podía tener una nota más rápida y menos desagradable que cuando ingería alcohol. Así que dejé el alcohol a un lado por la marihuana. Posterior descubrí la cocaína y me di cuenta de que podía adquirir una nota más rápido todavía y que era más conveniente porque no me llamaba la atención fumar marihuana y no quería estar oliendo a "pasto". Para ese entonces me percaté que a mí me gustaba el efecto de salirme de mi realidad. No importaba las drogas, iba tras el efecto de las drogas.

Yo comencé a utilizar drogas ilegales después de los 25 años de edad y anduve en un camino de tinieblas por alrededor de 8 años. Había sido, previo al consumo de drogas ilegales, un estudiante ejemplar y sobresaliente en mi desempeño académico, bastante sociable, activo en las actividades de la Iglesia, en fin, se puede

---

[4] Aclaro que aquí me refiero a uso de sustancias para entretenimiento, no medicadas para atender situaciones de salud mental.
[5] Cuando utilicé marihuana, en mi país era totalmente ilegal su consumo para ese entonces. Posterior surgió en mi país la medicalización del uso de cannabis y mayor tolerancia social a su consumo.

decir que era un buen muchacho y que otros padres me utilizaban a mí como ejemplo a seguir para sus hijos. Sobresalí académicamente en mis estudios de escuela superior y bachillerato, obtuve una maestría en Administración de Empresas y un Juris Doctor de la Escuela de Derecho más prestigiosa de mi país. Revalidé como Abogado y siendo un joven profesional con grandes expectativas (las mías y las de otros), cometí el error de consumir drogas para entretenerme, hasta que experimenté el uso ilegal de cocaína, que fue la sustancia que realmente fastidio mi vida.

Comencé a consumir drogas ilegales después de mi primera separación de mi primera esposa. En el momento que me separé, emocionalmente no estaba estable. Aproveché el ser nuevamente soltero para experimentar con drogas ilegales, pero no sabía que iba a terminar atado al consumo de las drogas, ni conocía el sufrimiento que me iba a causar el abuso de sustancias por los próximos años.

Recuerdo que había una mujer muy especial en mi vida, Damaris su nombre, que atribuía mi forma de ser "hiper", a las drogas. Encontré chistoso escuchar eso porque realmente soy "hiper" de naturaleza. Ella no sabía que cuando me observaba bastante callado y tranquilo era cuando más endrogado, "empericao" y "trancao"" me encontraba, como se dice en la jerga del adicto activo en mi país.

Cuando comencé a utilizar la cocaína, rápidamente me convertí en un consumidor solitario. Yo no era un consumidor de drogas social, yo no me la pasaba con personas consumiendo cocaína. Quienes tenían conocimiento pleno de mi problema de adicción a la cocaína eran las personas a quienes yo decidía decirles y claro está, los que asistían a los lugares de venta drogas ilegales. Recuerdo que tenía en mi auto un sello de mi profesión de abogado y cómo iba frecuentemente a puntos de drogas, decidí arrancar el sello para evitarme inconveniente o comentarios de más. Tonto fui. Eventualmente los demás, en el punto, en el trabajo, en la familia, la sociedad, comenzaron a darse cuenta de mi problema, aunque yo pensara que no era así.

Recuerdo que en una ocasión estaba en un pueblo lejano en mi país y me relacioné en dicho pueblo con el dueño de un punto de drogas. Le pregunté a este individuo si sabía algo de mí y éste me indicó que yo era uno de los abogados periqueros (adictos) de mi pueblo. No me esperaba que se supiera tanto mi problema, como dicen por ahí, aparentemente solamente tres personas conocían de mi problema con drogas: La ciudad, el campo y el pueblo.

Fue inescapable para mí la realidad de que el abuso en el consumo de drogas estaba destrozando todo en mi vida. Así que, intenté dejar de consumir cocaína por mi cuenta y no tuve éxito. Me pasé bastante tiempo levantando las manos en la Iglesia pidiéndole a Dios que me ayudara a dejar de consumir drogas, pero seguía levantando las manos al cielo con residuos de cocaína en mi nariz. Intenté ayuda de profesionales de la salud, pero terminaba yendo "empericao" a las citas médicas.

Todo en mi vida se convirtió en un desastre. Tenía que hacer algo distinto para dejar de consumir, porque lo que había hecho hasta ese entonces para dejar de abusar del consumo de drogas no me había funcionado.

3. Mi resolución de año nuevo favorita: Poder dejar de abusar y consumir drogas

Era el 31 de diciembre de 2009. Esta vez estaba listo para cumplir, por fin, la resolución que llevaba tiempo poniendo en vigor los 31 de diciembre: dejar de consumir drogas. Llevaba años tratando de dejar el vicio de las drogas que estaban destrozando mi vida.

Me recuerdo, más o menos, cuando empecé la tradición de hacer la resolución de dejar de consumir drogas. Si no me equivoco, fue para el 31 diciembre de 2006, cuando me dije a mi mismo que ya había sido suficiente el abuso y el descontrol con el consumo de drogas ilegales por los pasados años. Mi resolución de fin de año del 2006 fue la siguiente: No tener problemas con consumo de drogas en el 2007. Posteriormente, en diciembre 31 del 2007 me encontraba diciendo: "Bueno Juan, no pudiste hacerlo este año, las drogas te fastidiaron mucho, pero ahora sí, el 2008 es el año que vas a dejar de consumir drogas". Luego, en diciembre 31 del 2008 me dije: "...contra Juan, ya tienes que dejar de consumir y abusar de drogas porque estas destruyendo todo, ahora de verdad el 2009 tiene que ser el año de dejar la mierda del consumo y abuso, mira que tu hijo va a estar próximo a nacer".

El 31 de diciembre del 2009 me encontraba haciendo la misma promesa y resolución de dejar abusar en el consumo de drogas, y de milagro no me maté ese 31 diciembre de 2009. Como supuestamente iba a dejar de consumir drogas a partir del 1 de enero de 2010, consumí toda la droga ilegal que tenía antes de las 12:00am. Eran como las 11:15pm, ya no tenía drogas ilegales encima, así que ingerí todo el alcohol que quedaba en la casa, y mezclé pastillas recetas que tenía, en busca de mi último arrebato, ya que no iba a volver a consumir en el 2010. Eran las 11:45pm y estaba desesperado por encontrar alguna droga adicional para consumir antes del año nuevo, año en que iba a empezar mi nueva vida sin drogas...mezclé medicamentos con drogas ilegales en busca de una la última "nota", el último arrebato del año 2009...

¿Cómo es posible que alguien sea tan absurdo de estar actuando, así como yo hice? Este era yo: pasándome en abuso de drogas, conociendo que fastidiaban mi vida, hacer promesas de dejar de consumir drogas y volver a consumir y abusar, poniendo todo en riesgo: Mi vida, mi familia, mi profesión. Ciertamente tenía un problema.

Yo no quería estar fastidiado por las drogas. Yo había sido un buen muchacho toda mi vida, buenos padres, buena educación, de la iglesia, siendo abogado de profesión, un tipo inteligente y no obstante me encontraba haciendo cosas que atentaban contra mi vida y todo lo que apreciaba.

Volviendo a mi historia, ya se imaginarán que pasó en enero de 2010: Seguí abusando de drogas. Pero, ese año 2010 tuve la oportunidad de encontrar una ayuda adecuada para mí, y pude llegar a los grupos de apoyo para adictos que fue donde pude entender y asimilar gran parte de lo que era mi condición de adicción/descontrol (trastorno) en el uso sustancias/drogas.

En el año 2010, en mi proceso de comenzar de forma efectiva el dejar de consumir y abusar de drogas ilegales y luego de pasar meses sin consumir ni abusar de sustancias/drogas, me pasó al final de ese año algo espectacular. Por primera vez, en los años que llevaba haciendo resoluciones para dejar de consumir drogas, me encontraba en un 31 de diciembre, sin consumir drogas y sin deseos de consumirlas o abusar de drogas. Cuando me doy cuenta ese 31 de diciembre de 2010 que no estaba haciendo resolución alguna de no consumir drogas, porqué ya había dejado de consumir, me llené de mucha emoción y esperanza... Entendí que estaba pasando algo increíble en mi vida, gracias a que busqué la ayuda adecuada para mí y adquirí el conocimiento apropiado. Al día de hoy sigo sin abusar de drogas, liberado plenamente del deseo de abusar de drogas. Mi vida pudo cambiar.

4. ¿Puedo dejar de ser adicto o siempre seré adicto?

En una ocasión, cuando estaba recién experimentando la libertad plena del deseo de consumir y abusar de drogas, estaba hablando y dando apoyo a un adicto/persona con el problema de abuso de sustancias, que tenía un problema de abuso de drogas similar al mío. Comparado conmigo, éste tenía muchos menos tiempo en haber dejado de consumir cocaína. Esta persona no había experimentado la liberación del deseo de consumir drogas que yo había experimentado y obtenido. En medio de una de nuestras conversaciones, esta persona se percató de mi certeza de que ya no tenía problemas con el consumo de drogas. El individuo, después de escucharme y estando asombrado e incrédulo con lo que le decía me preguntó: "¿Tu cree que eres un adicto?" El me hizo esa pregunta porque al escucharme hablar y percibir que yo no tenía ningún problema con las drogas ni el deseo de consumirlas, pensó que yo no era un adicto. Cuando me hizo esa pregunta me cuestione en ese momento, si yo era aún un adicto.

Me pregunté si era aún un adicto ya que había dejado de consumir cocaína y mejor aún, había perdido el deseo de consumirla. En aquel entonces yo convivía con la madre de mi primer hijo y ella estaba experimentando los beneficios de yo estar libre del abuso de drogas. En aquel momento hice una lista de actos que evidencian haber dejado de tener problemas con el consumo de drogas...

- Dejé de consumir drogas hace más de un año, para aquel entonces.
- Perdí el deseo de consumir drogas.
- Dejé de robarle dinero a quien era mi esposa para aquél entonces.
- Dejé de salir de madrugada a comprar drogas a escondidas.
- Le devolví la almohada de algodón a la madre de mi primer hijo.
- Dejé de faltar a mi trabajo y poner en peligro mi profesión porque estaba consumiendo drogas.
- Dejé de hacer resoluciones para dejar de consumir drogas...porque las dejé.
- Dejé de poner en peligro la vida de mi hijo y del hijo de quien era mi esposa, por estar consumiendo drogas.
- Dejé otras estupideces y loqueras que me hubiesen llevado a la cárcel, hospital, locura o la muerte.

De la lista que acabas de leer puede ser que te haya resultado curiosa la mención de que le devolví la almohada de algodón a la madre de mi primer hijo. Sobre eso les cuento que ella, antes de que mi problema de adicción activa del consumo de drogas se saliera de control, dormía con una almohada bastante cómoda de algodón. Entonces, una noche ella se dio cuenta de que le estaba robando dinero de la cartera y que estaba saliendo a escondidas, de madrugada, a comprar drogas. Una vez ella se percató, comenzó a usar la cartera como almohada, para evitar que yo le robara dinero.

Me dio tristeza con ella y con vi vida al verla dormir con la cartera de almohada. Pero, no sabía hacerlo mejor, no sabía cómo parar de consumir drogas, así que por un tiempo la madre de mi hijo durmió con la almohada-cartera.

Después de un tiempo considerable, y de yo haber dejado de consumir drogas, me encontraba en una ocasión saliendo por la mañana a un grupo de apoyo para personas que han tenido problema de abuso de sustancias y saliendo vi a la madre de mi hijo durmiendo tranquila, con una almohada cómoda de algodón y la cartera estaba ubicada en un mueble aparte en la habitación. Me sentí súper feliz de devolverle la almohada cómoda de algodón a ella.

Con lo expresado en la lista anterior estaba más que convencido que las drogas no eran un problema en mi vida presente. Así que, cuando mi amigo me preguntó si yo creía si era un adicto, tuve mis serias dudas por no tener realmente problemas al presente con el abuso de drogas, porque no deseaba usarlas ni abusar de ellas.

Pero, debido a que en los grupos de apoyo de adictos que yo asistía, se decía por personas que yo respetaba, que la condición de adicción era algo que perduraba, puse freno mental a mi idea de que ya no era un adicto porque no usaba ni deseaba usar drogas. Me puse a buscar información de la adicción, información más allá de la que obtenía en los grupos de apoyo. En mi búsqueda me enfoqué en la explicación biológica/fisiológica/neurológica de la adicción/desorden en el consumo de sustancias. Ya que la ciencia había avanzado tanto en el campo de estudios neurológicos y del funcionamiento del cerebro, creí que podía conseguir información que me explicara con mayor exactitud científica la condición de adicción. Y no me equivoqué. Encontré lo que estaba buscando.

La información que encontré era totalmente compatible con la experiencia vivida por años por adictos/[personas con un desorden del consumo de sustancias y la que yo había experimentado durante el consumo y posterior al ser liberado del consumo y abuso de drogas. En mi proceso de entendimiento de la condición de adicción/desorden en el consumo de sustancias, pude ver las nociones equivocadas que se tiene de dicha condición por personas que no tienen la condición y nociones equivocadas de la condición de adicción/desorden en el consumo de sustancias, por parte de personas con dicha condición:

5. Nociones equivocadas sobre la adicción/desorden en el consumo de sustancias

- IDEA ERRADA: Uno puede llegar a controlar el consumo de drogas (estando activo en el abuso de drogas/trastorno en el consumo)

Comienzo expresando y esto es una variación a mi forma de entender la problemática en el consumo de drogas, que es posible que alguien, pueda en una eventualidad consumir con moderación una sustancia la cuál abusaba previamente. De esta posibilidad expongo mi postura más adelante. Por ahora procedo a exponer mi experiencia de querer controlar el consumo de drogas, cuando yo estaba activamente abusando de las mismas.

Por años yo pensé que podía consumir drogas ilegales de forma controlada. Me decía que solamente usaría un poco el fin de semana, un fin de semana si otro no, solamente por la noche, solamente por la mañana…busqué alternativas para el consumo, pero al final siempre llegaba al mismo destino: "embarrrao" en el consumo de drogas. Recuerdo en una ocasión cuando me mudé de pueblo y estaba consumiendo drogas de un lugar nuevo, decidí que no debía estar yendo tantas veces en un mismo día a comprar sustancias, porque se podían incomodar conmigo los que vendían drogas en el "punto". Así que, se me ocurrió una idea maravillosa: Ir solo una vez en el día al punto de venta y comprar toda la cocaína que quería usar por tres días y la usaría poco a poco, para que me rindiera por los tres días. Pues sabrás que toda la droga que compré la use el mismo día y de milagro estoy vivo hoy. Todo esto me pasó porque no entendía que no podía controlar el consumo de drogas.

Como norma general, un ser humano con la condición activa de adicción o trastorno en el uso de sustancias no puede controlar el consumo. Es como si alguien estuviera sufriendo un paro cardiaco y se pusiera la mano en el pecho a la altura del corazón y le hablara al corazón y le dijera:'' NO INFARTES", "FUNCIONA BIEN CORAZÓN"…¿Suena estúpido verdad? Así de estúpido es pensar que puedes decirle a tu órgano llamado cerebro, estando activo en la adicción o desorden del consumo, lo siguiente: "NO PIENSES EN CONSUMIR MÁS", "CONSUME UN POCO Y GUARDA EL RESTO PARA LA SEMANA". La fuerza de voluntad no tiene ninguna fuerza, o lo que tiene es poca fuerza, porque el problema de querer seguir consumiendo drogas es un asunto neurológico que no se puede controlar en ese momento, al igual que no puedes controlar tu corazón infartando.

- <u>IDEA ERRADA: Un adicto o persona con trastorno en el uso de sustancias es alguien que tiene problemas en el presente por estar consumiendo y abusando de drogas.</u>

Cómo se ha expuesto, ciertamente un adicto activo es alguien que tiene serios problemas con el consumo de drogas. Si un adicto consume drogas se va quedar "pegao" y "juqueao", tarde o temprano, en el consumo de drogas por la obsesión y compulsión que no va a poder controlar, por su condición de adición/trastorno en el uso de sustancias. Si el adicto no consume drogas y pierde el deseo de consumir, no hay problemas con drogas ni con la condición de adicción o trastorno en uso de sustancias.

Por el contrario, si alguien tiene la condición de adicción/trastorno en el uso de sustancias y todavía tiene obsesión con consumir drogas, aún hay problemas con drogas.

- <u>IDEA ERRADA: Un adicto es alguien que siempre va a tener problemas por su deseo constante de consumir de drogas.</u>

Recuerdo dos eventos particulares cuando empecé mi proceso de dejar de abusar de drogas y experimenté el perder el deseo de consumir y abusar de drogas. Un evento fue que yo estaba tratando de mejorar y salvar mi negocio como abogado y le pedí a un amigo que estudio leyes conmigo en la universidad, que me ayudara en unos cuantos casos que yo tenía atrasados. Estos casos estaban atrasados y tenían problemas a consecuencia de que no los manejé bien, por estar abusando de drogas. Este amigo abogado no sabía de mi problema de consumo (creo que él pensaba que mi problema que yo había tenido de irresponsabilidad y atrasos en mis casos era que estaba medio loco o bipolar, hiperactivo, procrastinador, etc....todo menos drogas.). Debido a que me sentía que había experimentado la liberación del deseo de consumir y abusar de drogas, me tomé el permiso de decirle a mi amigo la naturaleza exacta de la problemática con mis casos, en donde las drogas jugaron un rol principal, y esto fue más o menos lo que ocurrió:

Cómo se percataron en la historia verídica relatada (excepto que la cara de mi amigo no se puso más grande), mi amigo creía que, como tenía un problema de adicción, que yo iba a volver a consumir y abusar de drogas. Aunque le relaté que estaba trabajando un programa para cambiar mi vida y que había perdido el deseo de consumir drogas, él pensaba que iba a volver a consumir. Interesante saber que antes yo pensaba como mi amigo: Si alguien es un adicto, está destinado a sufrir y pasar problemas por el resto de su vida, a consecuencia de su deseo de consumir y abusar de drogas.

El otro evento que recuerdo con este asunto de lo que piensan los demás de lo que es un adicto fue en una ocasión en un caso que tenía sobre relaciones paternofiliales en el Tribunal. Yo representaba a la madre que se oponía tenazmente a que el padre se relacionara con los hijos de ambos. El padre había sido un irresponsable por muchos años, abandonando a sus hijos y no proveyendo económicamente como se supone. Pero la objeción mayor de la madre era que ésta sabía que el padre era un usuario de drogas y por tanto se oponía a que se relacionara con los menores. El padre, a quien yo no conocía previamente y tampoco había vista en un grupo de apoyo a adictos, alegó que ya no consumía drogas y el Tribunal ordenó que se realizara una prueba de dopaje, entre otros requisitos, para que el padre pudiera empezar a relacionarse con sus hijos. La madre entonces saliendo de la sala del juez se sentó conmigo en una oficina que provee el Tribunal y estando solos, ella comenzó a alzar la voz y me dijo de forma desesperada algo así:

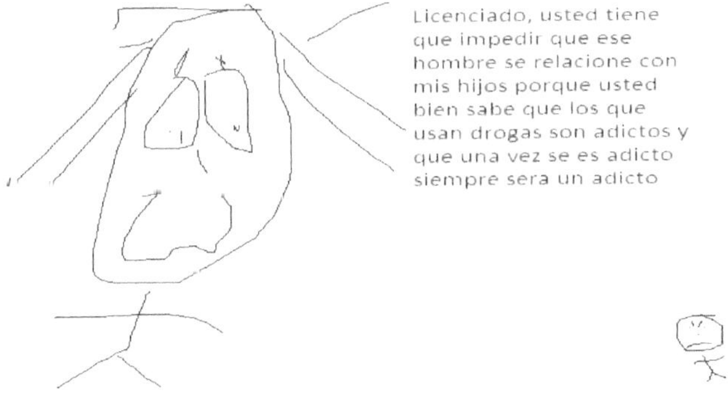

Como podrán imaginar, no me encontraba a gusto con las palabras de mi cliente. Encontraba que era erróneo decir que, si una persona es adicta, toda la vida iba a tener problemas con drogas porque es un adicto. Inmediatamente que mi cliente me dice eso yo la interrumpo para decirle algo así, en un tono de voz medio alterado: "'¡Mire señora, existen personas que han pasado muchos años consumiendo y abusando de drogas y algunas de estas personas han dejado de consumir drogas y no han vuelto a abusar de drogas en sus vidas. No es cierto que siempre tenga que consumir drogas un adicto, y no estoy diciendo que ese sea el caso con el padre de su hija, ¡pero quiero que sepas que es posible el cambio y la trasformación y poder dejar de consumir drogas ilegales permanentemente!". Luego que le dije esto y percatarme que mi representada se dio cuenta que lo que estaba hablando no tenía nada que ver nada con leyes, ni con Derecho de Familia, sino que estaba hablando de mí, cambié inmediatamente el tema y seguimos con nuestro dialogo legal.

Además de que existen personas que no conocen o entiende que una persona con problemas en el consumo de drogas pueda dejar de tener ese problema, hay adictos/personas con desorden en el consumo de sustancias, que piensan que siempre un adicto va a tener problemas con drogas. A continuación, les relato una experiencia que pasé en mi proceso de liberación del consumo de drogas, a través de grupo de apoyo de 12 pasos.

En una ocasión estaba con esta persona que llevaba más tiempo que yo en los grupos de apoyo de adictos en recuperación y quise contarle una experiencia maravillosa que había tenido cuando empecé a perder el deseo de consumir drogas: Salía de una gestión de trabajo con bastante dinero en efectivo encima, bastante para haber estado dos o tres días desaparecido del mundo consumiendo drogas ilegales y tuve que pasar cerca del lugar donde yo compraba drogas y no se me pasó la idea de consumir. Déjeme ponerle esta experiencia en contexto.

Para mí, andar con dinero durante mi adicción activa, estando con el problema del deseo de consumir y abusar sustancias, era sinónimo de consumo de drogas ilegales. En un momento dado básicamente se me hacía imposible no detenerme a comprar drogas si tenía efectivo en mi bolsillo. Recuerdo que una de mis primeras recaída en el consumo de drogas estando ya visitando los grupos de apoyo de adictos, fue cuando cobré por un servicio que rendí como parte de mi trabajo. Yo me estaba liberando de lo más bien del consumo de drogas, y estaba bien espiritual, porque estaba "pelao", sin dinero, no tenía ni un peso encima. Pero el primer día que tuve suficiente dinero para comprar drogas, mandé la recuperación al cara%@ y a consumir se ha dicho.

Cómo claramente entendí y experimenté que tenía problemas con el manejo de dinero y el consumo de drogas, en el principio de mi proceso de recuperación y liberación del consumo de drogas, tuve que darle el dinero a quien era mi pareja en aquel entonces para evitar gastar el dinero consumiendo. En los grupos de apoyo a los que asisto existe la sugerencia de que no andes con mucho dinero encima. Esa sugerencia me hizo mucho sentido al principio de mi proceso de liberarme del consumo ya que suficiente dinero en el bolsillo era equivalente a usar drogas. Así que, mientras luchaba con el deseo de consumir drogas, buscaba alternativas para no consumir y una fue seguir la referida sugerencia, andaba con poco dinero encima. Pero, eventualmente seguí aprendiendo a vivir sin consumir drogas y fui entendiendo lo que era la adicción y empecé a experimentar el milagro en mi vida de no desear consumir drogas.

Es entonces que experimento un momento mágico en mi vida. Salía con suficiente dinero de un caso en el Tribunal, pasé cerca de un punto de drogas y para nada me paso la idea de pararme a comprar drogas. Para mí ese hecho fue algo espectacular y se lo quise contar al amigo que iba a los grupos de apoyo de adictos, quien tenía mucho más tiempo que yo sin abusar de drogas. Cuando le contaba emocionado mi experiencia, este amigo me miró serio y me dijo con un tono de molestia: "¿o sea que las sugerencia de que andes con poco dinero encima no es correcta? Cuando él me dice eso yo cómo que quedo sorprendido y le digo: "Oye, yo entiendo que al principio del proceso de aprender a vivir sin consumir y abusar de drogas estamos más vulnerables y débiles y hay que hacer ajustes más severos para evitar contacto con las drogas… pero contra, después de un tiempo y de estar haciendo lo que se supone que tengo que hacer para liberarme de estar consumiendo y abusando de drogas, y experimento la libertad, ahora no tengo que consumir, aunque tenga miles de dólares en el bolsillo".

Si al día de hoy aún no puedes tener dinero encima porque piensas que te pueden dar deseo de consumir y abusar de drogas, demuestra que no hay ni liberación todavía. Pero, reconocer esto es bueno, porque podemos pedir ayuda y hacer lo necesario para experimentar la liberación plena del deseo de consumir y abusar de drogas.

- <u>IDEA ERRADA: Alguien con la condición de adicción siempre va a tener recaídas.</u>

Hay clínicos, profesionales de la salud, que entienden que las recaídas en el uso y/o abuso de drogas es parte del proceso de rehabilitación. Al principio yo tenía reparo con esta aseveración, pero visitando mis memorias, me percato que ciertamente las recaídas fueron parte de mi proceso de liberación plena de la obsesión y compulsión en el consumo de drogas. Una persona con problemas con el consumo de drogas y quiera adquirir la plena liberación de estar abusando de drogas es posible que tenga varias recaídas.

En mi caso yo estuve alrededor de dos años y medio intentando dejar de abusar de drogas y no pude hacerlo. Intenté varias formas/métodos, desde controlar el consumo, ayuda espiritual, ayuda médica y no me funcionó. No fue hasta que, en mi proceso particular de vida llegué un grupo de apoyo de personas que habían tenido problemas con el consumo de drogas y habían salido de dicho problema, que pude parar de consumir y abusar de drogas.

Ahora en mi vida ya no contemplo recaídas. Si yo tuviese ahora una recaída en el uso y abuso de drogas, no es porque de repente la obsesión y compulsión al consumo regresaron, fue que lo permití que ocurriera. Hago saber que es posible que una persona que se halla liberado del problema con el consumo de drogas, pueda recaer en el uso y abuso de drogas, si deja de vivir el cambio que ha experimentado en su vida. El volver a tener una recaída no es un suceso, es un proceso.

- <u>IDEA ERRADA: Una persona adicta/con problema con el uso de drogas se la pasa pidiendo dinero para consumir o es un deambulante o es una persona de aspecto y/o higiene y/o vestimenta desagradable.</u>

Hay quienes piensan que las personas con la condición de adicción/desorden en el consumo de sustancias son los que se la pasan en las luces pidiendo dinero, que tienen un aspecto desagradable. Es correcto, en parte. Hay personas con el problema del consumo y abuso de drogas que deambulan y piden dinero en los semáforos, para sostener su adicción. Pero, también hay personas con la condición de adicción/desorden en el consumo de sustancias que tienen preparación académica, gente bien acomodada (y mal acomodada) en la sociedad, profesionales en distintas ramas de la sociedad, que lo más probable nunca van a llegar a pedir dinero en un semáforo para sostener su adicción o seguir con el problema en el consumo de drogas. Pero todos, tanto el deambulante que abusa de drogas, como el profesional que abusa de drogas, comparten la misma condición: problemas en el consumo de drogas.

Pensaba, antes de entender que tenía la condición de adicción/desorden en el consumo de sustancias, que una persona adicta era quien pedía dinero en las calles para sustentar su "vicio". Yo no era uno de esos, aunque mi vida se estaba despedazando. Como tenía un techo y no deambulaba, no me consideraba un adicto.

Mi visión cambió en parte con alguien que conocí que había tenido problemas severos con el consumo de drogas y que pudo dejar de inyectarse heroína y dejó de deambular y dormir en la calle, porque transformó su vida. Esta persona me dijo que la miseria que él tenía durmiendo en la calle, cuando deambulaba inyectándose heroína es similar a la miseria y el dolor que tiene el adicto que tiene un techo y un trabajo, pero que la adicción activa/problema con el abuso de sustancia, lo está controlando…No importa la droga que se use, se inyecte, se ingiera, o se inhale, si se sufre de la condición de la adicción y se abusa de drogas, la miseria puede ser la misma y se puede tener el mismo final: Cárcel, hospital, muerte, locura y otras consecuencias.

- <u>IDEA ERRADA: Una persona usa y abusa de drogas porque es un desconsiderado, porque es un inmoral</u>

Recuerdo que cuando mi querida madre estaba en su lecho de muerte (cáncer terminal), entré a su habitación bajo la influencia de drogas (cocaína) y mi madre me "cachó la nota"… se dio cuenta que estaba drogado. Yo había recurrido a las drogas para manejar el dolor de ver la pérdida de mi madre ante la lucha del cáncer. Mi pareja para aquél entonces me dijo: "A la verdad que tú eres un sendo desconsiderado. ¿Cómo te atreviste a entrar así, endrogado al cuarto de tu madre?" "¡Tu ni quieres a tu madre!".

Me sentí que realmente había sido sumamente desconsiderado con mi mamá. No entendí por qué no pude ni tan siquiera evitar que mi madre me viera drogado en su lecho de muerte. Las drogas regían mi vida para aquél entonces. Las drogas poseían mi vida. Las drogas controlaban mi vida, porque tenía la condición de adicción /trastorno o desorden en el uso de sustancias y no sabía que no podía utilizar las drogas que estaba usando.

- <u>IDEA ERRADA: Maldecir la condición de adicción y las drogas (falta de aceptación). Ver como algo malo la adicción o el trastorno en el consumo de drogas.</u>

La aceptación de mi condición de adicción/trastorno en el uso de sustancias, fue una de las claves para poder dejar de consumir y abusar de drogas. Me recuerdo en los grupos de apoyo que en varias ocasiones yo escuchaba algunas personas maldecir la condición de adicción y maldecir las drogas: "Maldita sea la droga", "Maldita sea la adicción". Cuando yo comencé a entender y aceptar que tenía la condición de adicción, se me hacía difícil escuchar ese tipo de comentarios.

Al presente, el problema que yo tenía con el consumo de drogas ya no existe. Me pueden poner cocaína de frente y no la deseo (de hecho, me han ofrecido y han puesto frente a mí). Las drogas no tienen fuerza sobre mí al día de hoy. Ahora bien, cuando mi adicción estaba activa y me ponían la droga de frente, producía en mí un deseo casi incontrolable de querer usar la droga. En ese momento, la sustancia tenía dominio sobre mi vida, me controlaba, no salía de mis pensamientos. Ese polvito blanco para mí era un gigante que controlaba mi vida y dicho polvo blanco encontraba fácilmente su ruta para introducirse por mi nariz.

El problema no es ninguna droga en particular. Tampoco es problema tener la condición de adicción. El problema está en tener la condición de adicción/trastorno en el uso de sustancias junto al deseo de consumir drogas, junto al consumo drogas y junto a una compulsión desmedida en el uso de drogas.

Cuando escuchaba en las reuniones de grupos de apoyo a personas maldecir su condición de adicción, yo me decía que esa persona tenía un gran problema, porque no acepta quien es: Una persona con un trastorno en el uso de sustancias, que no puede consumir ciertas drogas controladamente, debido a su condición de adicción / trastorno o desorden en el uso de sustancias. <u>Cuando alguien que tiene la condición de adicción maldice la adicción, se está maldiciendo a sí mismo y dudo que alguien pueda seguir adelantando su vida maldiciéndose todo el tiempo quien es.</u>

Según mi recuerdo, todos los que maldecían en las reuniones de grupos de apoyo la condición de la adicción, recayeron en el consumo de drogas. Solamente recuerdo a una persona que maldecía el ser adicto, y maldecía la condición de adicción, que pudo ser liberado del deseo de consumir drogas. Pero, esta persona cambio su forma de pensar. Esa persona eventualmente aceptó que tenía la condición de adición y dejó de maldecir la adicción. Aceptó que era adicto, que tenía problemas con el consumo de ciertas drogas y comenzó el proceso de liberación plena del deseo de consumir y abusar de drogas.

Sin lugar a dudas mi experiencia me ha demostrado que las personas que yo escuchaba que maldecían las drogas y su condición de adicción eran personas que no habían aceptado su realidad existencial: Que no podían consumir drogas con control o con éxito, en ese momento de sus vidas. Los escucho decir y pelear: "¿Por qué no puedo ser cómo los demás?,¿Por qué no puedo ingerir/consumir drogas como lo hacen otros?" La respuesta es sencilla: No se puede hacer porque si se tiene la condición de adicción activa y hay un trastorno vigente en el consumo de sustancias, esto va a provocar que, tarde o temprano, se pierda el control en el consumo de ciertas sustancias.

En un momento dado acepté que tenía la condición de adicción/trastorno en unos de sustancias (cocaína en mi caso) y dejé de tener luchas mentales, porque no hay que luchar contra la realidad. Es tonto, inútil y poco beneficioso esa lucha para mí. Es como si me molestara y le reclamara a Dios: ¿Por qué no tengo alas y puedo volar como los pájaros? La respuesta a esa pregunta es obvia, así que, ni siquiera me planteo la pregunta de porque no tengo alas. Al igual, no me planteaba la pregunta de por qué no puedo consumir como los demás. Pero si me la hubiese planteado, la contestación es muy sencilla: Porque tenía la condición de adicción activa/trastorno en el consumo de sustancias que provocaba que, tarde o temprano, perdiera el control del consumo.

- <u>IDEA ERRADA: Que una persona con la condición de adicción piense que nunca se va perder el deseo de consumir drogas.</u>

Es posible que una persona que reconoce que tiene un problema con el consumo de drogas piense y reafirme con temor que, existe una alta posibilidad de recaer en el consumo y abuso de drogas. Eso es así porque esta persona desconoce que puede liberarse plenamente del deseo de consumir y abusar de drogas. Recuerdo en una ocasión yo visitaba un hogar de rehabilitación de adictos y llevaba el mensaje de que se puede vivir plenamente libre del deseo de consumir drogas. Al final de la reunión, en una dinámica de preguntas y respuestas, un joven me preguntó de forma sarcástica: ¿Tú me quieres decir a mí que si te ponen una bolsa de cocaína en la cara no te van a dar ganas de meterte drogas? Yo le conteste con más fuerza: ¡ESO MISMO ES LO QUE TE ESTOY DICIENDO! ¡QUE NO ME DAN GANAS DE CONSUMIR, AUNQUE ME PONGAN UNA BOLSA EN LA CARA! Cuando le mencioné esto a ese adicto, me miró como raro, cómo que no entendía lo que le decía, cómo que no me creía lo que le había expresado en esa visita. No entendía, al igual que yo en mis comienzos, que es posible la liberación plena del deseo de consumir y abusar de drogas.

Les relato otra situación interesante que me ocurrió que muestra que hay personas con la condición de adicción/trastorno en el uso de sustancias, que reconocen que tienen un problema, pero que no saben que se puede vivir libres del problemas... Plenamente libres del deseo de consumir y abusar de drogas:

Hace varios años estaba conduciendo mi vehículo cuando observé a la distancia a una persona con su vehículo estacionado en la marginal de la carretera y estaba levantando la mano con un envase para echar gasolina, pidiendo auxilio a las persona que pasaban en sus vehículos de motor, porque se había quedado sin gasolina. Las cosas están malas en la calle y realmente pensé en no parar a ayudar porque me dije: "¿Y si es una mentira y lo quiere es asaltarme esa persona?". Lo iba a seguir de largo, pero inmediatamente me recordé de todas las veces que fui yo el de la mano levantá con el envase de gasolina por haberme quedado sin gasolina por despistado y no fijarme que tenía poca gasolina. Ante ese pensamiento, me tome el chance de ayudar a la persona que resultó que realmente era un despistao igual que yo. Durante el viaje a la gasolinera y de vuelta al vehículo de ese señor, me percaté que esa persona como que tenía un problemita con drogas. Es entonces que surge un dialogo entre nosotros algo así:

> Yo: "¿Te digo algo? Yo he tenido varios problemas en la vida y el consumo de drogas ha sido un problema grande en mi vida".
> El: "Te entiendo amigo, yo también tengo problemas con drogas"
> Yo: "Realmente me considero un periquero hardcore"
> El: "Hermanito, te comprendo al 100%. Yo también le meto duro al perico"
> Yo: "Pero, yo soy diferente a ti"
> Él, de forma sarcástica: "Ajá… ¿Cuál es la diferencia?"
> Yo: "Que yo soy un periquero hardcore, que no me meto perico hace más de 3 años…"

Cuando yo le expresé esto, esa persona se quedó sorprendida, no podía entender que alguien fuese periquero, adicto y que no consuma cocaína. Ese entendimiento yo tampoco lo tenía hasta que busque la ayuda adecuada y acepte mi condición de adicción/trastorno en el uso de sustancias.

Creo que cualquier ser humano tiene el potencial de liberarse del consumo compulsivo y obsesivo de drogas. Yo soy plenamente libre del del deseo de consumir y abusar de drogas por más de una década. Además y más importante, perdí totalmente el deseo de consumir y abusar de drogas que destruían mi vida.

6. Yo no comencé a consumir drogas por bruto, consumí drogas por ignorante. Después, no pude dejar de consumir drogas ni por bruto, ni por ignorante, sino por tener la condición de adicción/desorden en el consumo.

Yo me las puedo echar de inteligente. Me gradué de 4.0, todas "A" de escuela superior, Fui "Magna Cum Laude" de Bachillerato. Fui uno de los primeros estudiantes en Puerto Rico en Estudiar un programa de maestría en Administración de Empresas y de Juris Doctor de la Escuela de Derecho en la Universidad de Puerto Rico. Revalidé como abogado y me dedico hace muchos años a dicha profesión. Yo me las puedo echar de que no soy bruto. No consumí drogas por bruto, yo consumí y comencé a abusar de drogas porque era ignorante. Era ignorante de mi condición de adicción. Era ignorante al no saber que no podía controlar con éxito el consumo de ciertas drogas, estando padeciendo de un desorden en el consumo de drogas.

Ignorancia Tipo 1 e Ignorancia Tipo 2

Tuve un profesor de Economía en la Universidad de Puerto Rico, Dr. Sigüenza, que nos dijo que existen dos tipos de ignorancia, Ignorancia Tipo 1 e Ignorancia Tipo 2. La ignorancia Tipo 1 es no saber o conocer algo. Este tipo de ignorancia es normal en los seres humanos y uno puede salir de esa ignorancia sin mayor complicación, adquiriendo la información necesaria para dejar de ser ignorante. Por ejemplo, si a mí me preguntan sobre algo de astrofísica, soy ignorante de ese tema, pero puedo salir de la ignorancia buscando información. Todos en algún momento de nuestras vidas somos ignorantes de algún tema, pero esto es algo que se soluciona buscando información.

Lo malo no es ser ignórate Tipo 1, lo malo es ser Ignorante Tipo 2: No saber que no se sabe. Esta es la persona que habla sobre un tema creyendo que sabe del tema, pero realmente desconoce del tema que está hablando. Esa persona se puede molestar con los demás si lo critican, porque esa persona cree firmemente que tiene la razón.

Yo fui ignorante Tipo 2 con respecto al tema de adicción. Fui ignorante Tipo 2 porque pensé que podía controlar el consumo de drogas, en mi caso de la cocaína, pero realmente no tenía control del consumo, por mi condición de adicción/desorden en el consumo. Pensaba como un típico ignorante Tipo 2, Que podía consumir ocasionalmente algún fin de semana, días alternos, fin de año, etc. Pero siempre, aunque controlé el consumo por cierto tiempo, al final del día, de la semana, del mes, me encontraba consumiendo drogas desmedidamente dañando mi vida. Yo no sabía ni entendía que no podía consumir las drogas que estaba utilizando. Dice uno de los Libros Sagrados que conoceréis la Verdad y la Verdad te hará libre. Ciertamente este enunciado no se limita en su aplicación a un contexto religioso. Conocí la Verdad de que era adicto, que tenía una condición de desorden en el consumo y pude liberarme del grave problema de la adicción a drogas.

Les digo a ustedes que, si yo no hubiese sido ignorante Tipo 2, y hubiese entendido que no podía consumir drogas por mi problema de adicción y si hubiese entendido toda la miseria, dolor y sufrimiento que pasé por años en el consumo y abuso de drogas, JAMÁS HUBIESE CONSUMIDO DROGAS (eso creo...). Pero, gracias a la vida y al Dios de mi entendimiento, no me morí, salí de la ignorancia tipo 2, me libere de la adición activa y vivo una nueva vida, que puede ser para ti también, si tienes problemas con abuso de drogas.

NOTA SOBRE POSIBLE IGNORACIA TIPO 2 EN LA REDACCIÓN DE ESTE LIBRO: El tema de cómo atender y entender la adicción/desorden en el uso de sustancias es un tema en evolución. Cada vez se estudia más y mejor como funcionan los cerebros de los seres humanos y se buscan alternativas para atender la problemática. El que escribe está aprendiendo a entender mejor el tema y salir de posibles ignorancias de Tipo 1 o Tipo 2 que pueda tener, para así poder ayudar de forma más efectiva.

7. Lo difícil es empezar a vivir sin consumir ni abusar de drogas. Pero con el tiempo y el entendimiento aprenderás a fluir en la libertad

Antes de alcanzar la liberación, pasé por el camino difícil de tratar de salir de la esclavitud del consumo y abuso de drogas. Pasé alrededor de dos años y medio intentando dejar el consumo de drogas ilegales, pero tenía recaídas. Los últimos meses de esos dos años y medio estuve tratando de dejar de consumir visitando grupos de apoyo. Duraba en ocasiones semanas sin consumir, pero recaía. Recuerdo que me pude mantener limpio (sin consumir y abusar de drogas) en mis comienzos en los grupos de apoyo porque no tenía un centavo en el bolsillo. En el primer momento que tuve dinero, mandé la recuperación y a los grupos de apoyo al cara%@ y me fui a consumir drogas. Al principio tuve que esforzarme mucho para no consumir drogas, pero eventualmente no era tan forzada la cosa y posterior aprendí a fluir en la libertad de no consumir ni abusar de drogas, sin sufrir, sin lamentar, alegre de que no tenía que volver al abuso de drogas.

Recuerdo que, en una ocasión, cuando tenía alrededor de 6 meses sin consumir drogas, pero aún sin estar plenamente libre del deseo de consumirlas, estaba teniendo grandes problemas en en la anterior relación matrimonial que tenía, ya que las drogas habían fastidiado por años la relación. Ante el grave problema matrimonial, que incluía la falta de afecto y sexualidad, me dije: "¡Que se joda! Voy a meterme drogas y buscar una mujer para tener sexo y usar drogas". Me di a la tarea de buscar drogas y una mujer para tener sexo y usar drogas con ella.

Arranqué para el punto de drogas, el dueño del punto me vio y me dijo: "¿Estás vivo?" (Hace 6 meses no me veía) y yo le repliqué: "¿Y tú también estás vivo? (Pienso que ese tenía más posibilidad de morir que yo en esos últimos 6 meses...). Interesantemente antes de ir al punto de drogas me llamó alguien de los grupos de apoyo de adictos y no le contesté el teléfono. Ya yo estaba hecho de la idea de consumir, no quería escuchar que alguien me dijera que no consumiera drogas que destruían mi vida. Como les he mencionado, es difícil, muy difícil, no consumir drogas teniendo el deseo de consumirlas.

Luego que compré cocaína me di a la tarea de buscar una mujer para hacer "maldades". Se me ocurrió acudir a la casa de una señora, que conocí en un grupo de meditación y oración (así mismo como lee). Cuando llegué a su residencia, la señora me empezó a contar varias cosas incluyendo la bonita relación de ésta tenía con su pareja actual y la comunidad. Le pedí permiso para ir al baño, para darme par de fuetazos de cocaina por la nariz sin que ella lo supiera y así ponerme sin inhibiciones, bien atrevido y hacerle "fresquerías" a esa señora. Es entonces que, en el baño, cuando saco la cocaína, la coloco en un sorbeto para introducirla en mi nariz, me miro a mí mismo en el espejo del baño y me digo:

> "Contra, lo más probable aquí no va a ocurrir nada porque esta es una mujer decente que no creo que vaya hacer nada conmigo y yo consumir drogas ahora, sería

perder mis 6 meses limpio y perder 6 limpios para que no ocurra nada está cab@%! Y está del caráj@ porque me conozco y voy a tratar otra vez de dejar de consumir porque me hace mucho daño y esos 6 meses me costaron mucho esfuerzo para poder adquirirlos…"

Es entonces que milagrosamente en ese momento cogí la cocaína en el sorbeto y lo deposité en la bolsita otra vez y me marché de aquella casa.

Pero como la adicción activa en mí estaba controlando mis acciones ese día, no me rendí en lograr conseguir una mujer para consumir y abusar de drogas y tener sexo. Obviamente estaba buscando una excusa en mi cabeza para consumir drogas. En ese momento mi excusa para abusar del consumo de drogas era la falta de afecto y sexualidad en mi matrimonio. Pues bien, después de marcharme de la casa de aquella señora, intenté buscar una mujer a través de "chats" de computadora por la Internet. Puse las dos bolsitas de cocaína que tenía frente a la computadora y empecé a tratar de conectar alguna mujer que me llamara la atención. No quería usar la droga hasta que encontrara la mujer para tener una excusa para usar las drogas y fallar a mi compromiso matrimonial.

Seguí buscando por el internet y pude encontrar a una mujer. Nos enviamos fotos mutuamente, nos llamamos la atención, nos comunicamos por teléfono y era una atrevida, que no le importaba que estaba casado. De hecho, la idea de que yo estaba casado la excitaba, o fue lo que me hizo creer. Planificamos vernos ese día en una Mall. Pero entonces le dije en un momento dado: "Quiero que sepas que me gusta usar cocaína teniendo sexo, así que vamos a tener sexo y también voy a meterme drogas estando contigo" y ella me dijo: "Ahhhh, chico deja eso. Vamos pasarla súper, vamos a comernos, pero no tienes que meterte drogas". Le colgué y me dije: CONTRA ¡Yo lo que quiero es buscar una mujer que quiera tener sexo conmigo y usar cocaína, no estoy buscando solamente una aventura lo que quiero es meterme drogas y tener sexo!" Realmente lo que estaba buscando era una excusa en mi cabeza para consumir drogas.

Seguí buscando mujeres ese día, y pasaba el tiempo y no conseguía a nadie. Pasaron las horas, tenía las dos bolsas de droga frente a la computadora todavía y decidí salir a una reunión de grupo de apoyo de adictos y me llevé en el carro la sustancia que había comprado. Luego que salí de la reunión, llegando a mi casa, cogí las dos bolsitas y las vacié por un alcantarillado de la carretera. Llegué a la casa y me acosté a dormir. Al otro día me di cuenta de que milagrosamente, pero de una forma inadecuada, no consumí drogas y tampoco estaba quejándome de que era un estúpido por botar la droga llegando a mi casa y tener que comprar otra vez. Muchas, pero muchas veces anteriores, había botado bolsitas de drogas diciéndome que ya no iba a volver a consumir y al poco tiempo estaba en el zafacón buscando la droga. No consumí drogas ese día y dos de las razones para no consumir en aquella ocasión era que 1) llevaba 6 meses sin consumir ni abusar de drogas. O sea el tiempo limpio que llevaba acumulado fue un factor para no consumir ni abusar de drogas y 2) que milagrosamente no se dio el escenario para consumir la droga que quería. Pero, no le sugiero a nadie que espere un milagro con drogas encima. Lo más probable es que vas a recibir un infierno en vez de un milagro, como lo pasé yo por alrededor de 8 años.

Aquí les menciono dos cosas interesantes que me ocurrieron relacionados al evento relatado de mis 6 meses limpio. Posteriormente, meses después de haberme ocurrido el referido evento de los 6 meses limpio, decidí decirles a otros esta experiencia en una reunión de grupo de apoyo de adictos, pensando que podía ayudar a alguien que estuviese pasando una situación similar. Es entonces que luego de haber contado mi experiencia y acabada la reunión, se acercó a mí una persona y quería hablar conmigo con respecto a lo que yo había dicho en la reunión. Yo me emocioné mucho porque pensé, que iba a poder ayudar a alguien a través de mi experiencia contada. Esa persona se acercó a mí y me preguntó coómo yo hacía para conseguir mujeres por internet. ¿Que, Qué? Yo me dije: ""¡No vuelvo a contar esto nunca más en una reunión!¡Lo conté para dar esperanza a un adicto, no para que el adicto bellaqueara y buscara mujeres por la internet!". De hecho, no lo conté nunca más en una reunión. Pero, ese testimonio aquella noche impactó a una persona que, 4 años después, me lo hizo saber en una reunión de grupo de adictos. Les cuento.

La persona que había quedado impactado con aquel testimonio hace 4 años, no pensó que era cierto lo que dije. Esa persona desarrolló un escepticismo con respecto a mí. Pensaba que yo estaba hablando mierda y que era embusto al expresar que yo boté la droga que había comprado y que no la consumí. Por cuatro años esa persona pensó que yo era un mentiroso.

Esa persona también por casi 4 años se la había pasado recayendo en el consumo y abuso de drogas. Esa persona en ocasiones previas, en reuniones de grupo de apoyo, expresó que me escuchaba, que le gustaba lo que yo decía, pero que él no podía liberarse del deseo de consumir drogas. Recuerdo que en una ocasión me acerqué a él y le dije que hiciera algo distinto para evitar recaer, que antes de consumir, preferiblemente antes de ir a comprar drogas, que me llamara y habláramos. Que, aunque ya tenga la mente hecha con la idea de consumir, que como quiera me llamara, que esa llamada sería algo distinto que estaría haciendo y puede que quizás lo ayude. Esta persona tuvo después de esa conversación varias recaídas y nunca me llamo. Nunca agotó las alternativas que tenía disponible para dejar de consumir. Pero esa persona dejó de consumir y abusar de drogas en un momento dado, por que empezó hacerlo distinto.

Es entonces que me encuentro con esta persona en una reunión de un grupo de apoyo que había yo dejado de asistir y él estaba por celebrar un año limpio. Cuando él me vio se emocionó y vino hacia mí y medió un abrazo. En el momento me sorprendí porque esta persona nunca había sido afectiva de esa manera conmigo. En dicha reunión esa persona tomó un turno para compartir y decir que él en una ocasión, años atrás, me había escuchado hablar en una reunión que yo había comprado drogas y que no me metí drogas y que él llevaba años pensando que yo era un mentiroso, porque no era posible que no hubiese consumido drogas, teniendo drogas encima. Continuó diciendo que hacía unos días atrás él se había hecho de la idea de consumir drogas y compró drogas para consumir, la tenía encima e iba a ir a consumirlas, pero tuvo un percance con su trasporte vehicular y estando detenido en la carretera con el problema del transporte, se recordó de lo que yo había dicho años atrás y se dijo para sí mismo: "Vamos a ver si la mierda que dijo JJ es verdad y puedo evitar consumir la droga que tengo". Esta persona fue en ese momento más inteligente que yo porque tuvo comunicación telefónica con su grupo de apoyo y lo ayudaron a que no consumiera drogas ese día. Terminando el día boto la droga se acostó y no consumió. Al otro día se dijo:" ¡Contra lo que dijo JJ era posible!".

Esta persona pasó una situación similar a la mía, llevaba cierto tiempo limpio acumulado, le dio deseo de consumir y no lo hizo. Dos factores en su vida similares a los míos, contribuyeron a que no consumiera y abusara de drogas: tiempo sin abusar de drogas y grupo de apoyo.

8. La angustia y el dolor emocional: La excusa perfecta para consumir drogas

En una ocasión, teniendo más de 4 años libre del deseo de consumir drogas yo experimenté uno de los eventos más difíciles de mi vida: La ruptura del matrimonio con la madre de mi primer hijo y la pérdida de lo que yo tenía planificado iba a ser mi familia inmediata por el resto de mi vida. El dolor fue muy intenso. Personas que me querían, que me conocían de años y que conocían del uso y abuso de drogas que yo tenía, me expresaron lo siguiente: ¡No vayas ahora a ahogar las penas en el alcohol! ¡No vayas a coger esta situación como excusa para ir y meterte y abusar de drogas otra vez!

Una y otra vez escuché esta expresión dirigida hacia mí, por personas que aprecio mucho y que son muy bien intencionadas, pero que desconocían de la liberación plena que había ya experimentado. Y esto es lo que está brutal: No tuve el más mínimo deseo de consumir y abusar de drogas durante el proceso de ruptura matrimonial. Y no tuve, ni he tenido el deseo de abusar de drogas por lo siguiente: 1) Había entendido que tenía la condición de adicción/ trastorno en el uso de sustancias y no podía consumir drogas de las cuales estaba abusando o utilizar sustancias que me llevaban a abusar de las drogas que destruían mi vida, 2) llevo años sin consumir ni abusar de drogas, 3) llevo años practicando un estilo de vida que me alejó de las drogas y su abuso y 4) no me interesa volver a vivir esos estados de inconsciencia y locura que las drogas me llevaron y que casi me mata y me hace perderlo todo.

En una ocasión hablé con alguien, que al igual que yo, tenía la condición de adicción/trastorno en el uso de sustancias, pero esta persona llevaba pocos días sin consumir drogas. Esta persona al igual que yo, estaba pasando una ruptura matrimonial bastante fuerte para él, pero a diferencia de mí, éste se refugió en las drogas para "anestesiar" su dolor y angustia. No lo puedo culpar por haber hecho eso. La utilización de las drogas para manejar y enfrentar las emociones todavía dominaba la mente de esa persona y su condición de adicto y su deseo de consumir lo llevaron a buscar la primera alternativa para bregar con el problema: utilizar y abusar de drogas para anestesiar el dolor. Es probable que yo hubiese hecho lo mismo también, si hubiese experimentado la ruptura matrimonial antes de haber sido liberado del deseo de consumir y abusar de drogas.

A pesar del dolor intenso con la ruptura matrimonial, no consumí drogas, me refugié en hacer las cosas bien, dar servicio a otros y gracias a que no consumí drogas y llevé una vida basada en principios espirituales, pude superar plenamente la ruptura matrimonial y darme la oportunidad de ser feliz nuevamente.

9. Cómo liberarse del deseo de consumir y abusar de drogas

Para alcanzar la liberación del consumo de drogas hay que hacer cuatro cosas: 1) Dejar de consumir drogas y/o comenzar la reducción o eliminación del consumo de sustancias que trastocan o destruyen tu vida, 2) Cambiar personas lugares y cosas que te puedan crear o inducir el deseo de consumir drogas, 3) Buscar la ayuda o proceso adecuado y 4) Cambiar la idea o entendimiento de la condición de adicción. Realmente es sencillo, pero reconozco que no es fácil al principio, por lo menos la parte de dejar de consumir drogas.

En los grupos de apoyo de adictos hay personas que mencionan que lo más fácil del proceso de vida del adicto es dejar de consumir drogas, que lo difícil es bregar con uno mismo y sus ideas, comportamientos, etc. Gracias a Dios cuando yo comencé en los grupos de apoyo nadie vino a mí a expresarme directamente eso. Si alguien me hubiese dicho al principio de mi proceso de dejar de consumir drogas, que lo más fácil iba ser dejar de consumir drogas yo lo hubiese mandado al cara%@. ¿Cómo me puedes decir que lo más fácil es dejar de consumir cuando yo no puedo dejar de consumir? No es cierto que lo más fácil para un adicto activo es dejar de consumir. Es bien difícil.

No obstante, luego que llevar años sin ningún problema con drogas, me pude dar cuenta que, en el proceso de transformación de mi vida, lo más fácil fue dejar de consumir drogas. Lo difícil ha sido bregar con ciertos comportamientos, emociones, etc. Pero, para poder bregar con uno mismo, para poder bregar con las emociones, hay que primero esforzarse en dejar de consumir drogas que te destruyen y liberarse del deseo de consumirlas y abusar de ellas.

Una vez dejas de consumir y abusar de drogas (aunque estén presentes los deseos de consumirlas), hay que alejarse de las cosas que se asocian al consumo y abuso, hay que buscar ayuda adecuada y procesos que ayuden. También hay que desarrollar un nuevo entendimiento de la condición de adicción.

Una persona con la condición de adicción es alguien que por razones fisiológicas y neurológicas tiene un trastorno en el uso de ciertas sustancias/drogas. Más sencillo: la adicción es una condición que provoca que una persona tenga problemas con el uso de sustancias/drogas.

También es correcto que hay otras condiciones, de salud mental, o aspectos cognitivos, que inciden en las razones y motivos de las personas para consumir y abusar de drogas. No obstante, en esta lectura nos enfocamos en la condición de adicción y qué podemos hacer para bregar con eso.

10. Liberación del deseo de consumir a través de la fe

En una ocasión escuché a una persona, llamémosle William, que alegaba fue curado de ser adicto y liberado da la adicción. Esta persona al igual que yo, pudo liberarse del deseo de consumir y abusar de drogas. También, al igual que yo, entendió dos cosas necesarias para liberarse del consumo, que son 1) dejar de consumir drogas y 2) hacer cambios.

Este William expuso cómo, a través de su fe cristiana, pudo liberarse del consumo y abuso de drogas y haber salido de una adicción de 10 años de anfetaminas y heroína. Hasta ahí, yo no tenía mayores problemas con lo expresado, hasta que dijo que él fue *curado* de la condición de la adicción.

William relató un suceso interesante que le sucedió en una reunión que asistió de grupo de apoyo de adictos en recuperación, de un programa de 12 pasos. En dicha reunión William le dijo a los presentes que él tiene la cura de la adicción y que la cura es aceptar su concepción de Dios, a través de la fe cristiana. Esa aseveración provocó cierto revuelo en el grupo de apoyo ya que allí se enseña que la condición de adicción es para toda la vida y William dice que no es así, que hay cura. Además, los grupo de apoyo de 12 pasos tienen reparo con que se identifique una fe religiosa en particular, como la única alternativa de apoyo espiritual para enfrentar la condición de adicción.

Este William criticaba a los grupo de apoyo de adictos en recuperación, que practican el mentado programa de 12 pasos y entre sus comentarios expresó los siguientes puntos:

- A William no le gustaba que las personas de los grupos de apoyo de un programa de 12 pasos digan que son adictos por el resto de sus vidas.
- William no quería ser parte de una organización y de un programa en donde las personas están sin esperanza, pensando que siempre serán adictos.
- William entendía que, según su fe cristiana, en donde la Biblia decía que se podía ser libre de verdad, él no tenía que seguir siendo un esclavo de la adicción, ser un adicto. El creía que podía ser liberado de ser adicto y del problema de la adicción, a través de su Fe Cristiana.
- William no le gustaba y no quería confesar en su vida la afirmación que hacían las personas en las reuniones en donde expresaban que eran adictos. William aparentemente entendió que identificarse siempre en las reuniones como adictos era afirmar que una persona adicta siempre tendrá problemas a causa del consumo de drogas.

Cuando escuché a William, me percaté que éste no entendió bien lo que se habla en los grupos de 12 pasos. Tampoco entendió por qué los adictos en dichas reuniones seguían diciendo que eran adictos.

En los grupos de apoyo de 12 pasos se afirma que alguien es adicto para estar consciente de la condición de adicción, que provoca que no se tenga control en cuanto al uso de ciertas drogas narcóticas. En los grupos de apoyo de 12 pasos se enseña qué, es una mentira expresar que una persona "adicta" siempre va a tener problemas a causa de su consumo de drogas.

Pero, William sí dijo algo que me hizo mucho sentido. William afirmaba que un adicto liberado de la adición y de ser adicto, tiene <u>una mente diferente</u> y no quiere ahora volver a usar y abusar de drogas, que fue el veneno que tanto sufrimiento le provocó.

Aunque William y yo pensamos distintos en términos de la concepción de lo que es la adicción, ambos actuamos iguales para liberarnos de la adicción a drogas: Dejamos de consumir, nos alejamos de las drogas, buscamos una ayuda adecuada y mantenemos y encontramos una nueva forma de vivir basado en principios espirituales de vida.

La condición de adicción a drogas es una problemática de tipo neurológico que hace que no se pueda tener control en el consumo de ciertas drogas. Por tanto, como conozco esa realidad, no consumo drogas. No es malo ni "pecado" tener la condición de adicción o trastorno en el uso de sustancias. Lo malo es consumir drogas teniendo la condición de adicción o trastorno en el uso de sustancias.

11. Religioso periquero.

Yo era antes bastante religioso, asistía a grupos de oraciones y meditaciones, pero, mientras estaba con la condición de adicción activa/trastorno en el uso de sustancias, no podía controlar el consumo de drogas. Yo desde pequeño asistí frecuentemente a la Iglesia de fe cristiana. Recuerdo que, en una ocasión, antes de haber sido liberado plenamente del deseo de consumir y abusar de drogas, una expareja que tenía, quien no iba mucho a la iglesia, me veía que yo asistía con regularidad a la iglesia, pero me la pasaba consumiendo y abusando de drogas. Ella me dijo: "Juan, tú debes fundar una Iglesia, la Iglesia del Periquero Salvo siempre Salvo." Claro está, me lo dijo de forma burlona. Yo le contesté: "Yo no soy un hipócrita en la Iglesia, voy a pedirle a Dios que me ayude a dejar de consumir drogas, entre otras cosas" Pero realmente lo estaba haciendo mal.

Mis oraciones eran poco efectivas en aquel momento de mi vida. Parecía que la oración a Dios con cocaína no llegaba muy lejos. Decía en mis oraciones: "Dios ayúdame con este problema que tengo consumiendo drogas y salía del templo y me iba a consumir drogas.

Es eventualmente que tengo la revelación de la verdad de mi condición de adicción y que, si quiero liberarme del deseo de consumir y abusar de drogas, no puedo consumir de las drogas que abuso. Es entonces que acudo a la Iglesia y le digo a Dios, todavía teniendo el deseo de consumir drogas, que mi liberara del consumo de drogas y Dios comenzó a hablarme. Me dijo en mis pensamiento: "¿Siervo, quieres dejar de consumir Drogas?" Yo: "Sí Señor". Dios me contestó: PUES NO TE METAS DROGAS. Así de sencillo era para liberarme del problema. No es complicado. Es difícil al principio, pero se puede.

12. Ayuda adecuada para enfrentar el problema de adicción /abuso de sustancia

En mi caso yo encontré la ayuda adecuada cuando participé de los grupos de apoyo de 12 pasos para personas con problemas con el consumo de drogas. Ahora bien, es importante reconocer que los grupos de 12 pasos no es la única forma o método que pueda ayudar a personas lidiar con el problema Del consumo y abuso de drogas. La ayuda adecuada puede llegar en forma de apoyo familiar, apoyo médico, apoyo comunitario, Iglesia, programas de reducción de daños, programa de 12 pasos, grupos de apoyo que no están afiliaos a programas de 12 pasos o a conceptos religiosos, reducción consciente del consumo de drogas, consejeros en adicción, recovery coaching, entre otros.

Cuando decido ir por primera vez a un grupo de apoyo de adictos, ya no podía con mi vida, estaba en camino de perderlo todo, perder a mi familia, perder mi profesión, en fin, iba por un camino muy oscuro y el final era uno de miseria y dolor.

Estando ya sumamente desesperado, me di la oportunidad de asistir a un grupo de apoyo de adictos en recuperación. Al seguir asistiendo al grupo de apoyo de adictos comencé a entender en qué consistía mi problema de adicción, que para nada tenía que ver con aspectos de ser una persona mala o inmoral. Para mí resultó interesante percatarme, después de un tiempo, que parte de la información que yo recibía por profesionales de la salud ahora la recibía en estos grupos de apoyo, pero que me hace más sentido el que me lo dijera un adicto en vez de un doctor. ¿Por qué razón? Entiendo que es por el poder de la identificación. Cuando un adictólogo me decía que el estar abusando de drogas fastidiaban mi vida y éste nunca había consumido drogas ilegales, no me inspiraba tanto. Ahora bien, cuando escuché a una persona que había estado en las mismas tinieblas que yo andaba, que tenía un terrible problema de consumo de drogas parecido al mío y que pudo dejar de consumir, abusar y perder el deseo de consumir drogas, presté más atención porque me identificaba con esa persona, porque había tenido problemas similares a los míos y pudo salir de ellos. Es poderoso el efecto de la identificación con otros.

Luego de que entré a los grupos de apoyo de adictos me tomó más de un año entender y hacer parte de mi sistema de creencias lo que era la condición de adicción. En mi caso, tuve que buscar información adicional fuera de los grupos de apoyo de adictos, para entender de forma definitiva, sin duda ni reserva alguna, que tenía la condición de adicción/trastorno en el uso de sustancias. Y lo interesante es que, cuando acepté profundamente en mi ser que tenía la condición de adicción, que tenía un problema con el consumo de sustancias, me pude liberar del deseo de consumir y abusar de drogas.

Recuerdo la sorpresa que me llevé cuando fui por primera vez a un grupo de apoyo de adictos en recuperación. Pensaba que me iba a encontrar personas bien fastidiadas, igual que yo, por las drogas y que no podían parar de consumir drogas. Pensé que me iba a encontrar hasta con gente tirada en el piso. Pero me equivoqué. Las personas que estaban en la primera reunión que fui no estaban tiradas en el suelo, estaban bien sentadas, se veían muy bien, vestían muy bien.

Empecé a escuchar las historias de estas personas y me di cuenta que llevaban años limpios, 5, 10, 15, 20 años sin consumir ni abusar de drogas y **que habían perdido el deseo de consumir drogas que habían llevaron sus vidas al dolor y la miseria**, que eran personas responsables y productivas de nuestra sociedad, que habían individuos con buenos trabajos (también con malos), buenos autos (y también malos como el que yo tenía), que habían abogados, médicos, que habían empresarios, que había todo tipo de personas que representa a nuestra sociedad. Es entonces que se empezaron a caer las vendas de la ignorancia de mis ojos y de mi entendimiento de lo que es la condición de adicción/trastorno en el uso de sustancias. De hecho, me di cuenta de que realmente quien estaba sumamente fastidiado y tirado en el piso era y yo y fue con la ayuda de los adictos libres del deseo de consumir y abusar de droga que logré cambiar, dejar de consumir y perder el deseo de consumir drogas que destruían mi vida.

Recuerdo que cuando comencé a ir a grupos de apoyo de adictos en las noches, el hijo de mi expareja, quien era menor de edad, (quien no entendía ni sabía sobre mi problema de drogas) me preguntaba a donde era que yo iba por las noches. Me preguntaba que eran esas reuniones que yo asistía. Yo le contestaba que yo me reunía con un grupo de personas en donde nos apoyamos mutuamente para ser todos mejores seres humanos, para yo ser mejor, padre, mejor padrastro, mejor esposo, mejor profesional. Por más de 2 años yo le contestaba lo mismos a su pregunta insistente.

Entonces, en una ocasión estando junto a él, yo le pregunté por qué él creía que yo iba a los grupos de apoyo que yo me reunía. Quería ver si después de 2 años diciéndole la razón para ir a las reuniones de grupos de apoyo, había internalizado algo de lo que le decía y esta fue su respuesta:

Aunque era cierto que eventualmente iba a esos grupos para ser un mejor ser humano como le decía al niño (ya no iba por necesidad de no consumir, sino por el deseo de ayudar a otros como me ayudaron a mí), lo cierto es que yo llegué a esos grupos porque tenía un grave problemas con drogas. Pero, hoy en día, NO TENGO NINGÚN PROBLEMA CON LAS DROGAS, porque no consumo ni abuso de drogas ni tengo deseos de consumir ni abusar de drogas. Y NO CONSUMO DROGAS PORQUE RECONOCÍ, ACEPTÉ Y ENTENDÍ QUE TENÍA LA CONDICIÓN DE ADICCIÓN. La aceptación es algo maravilloso, produce cambios, así que te invito, si es su caso, a que aceptes lo que es realmente tener la condición de adicción, para que tengas una perspectiva distinta (y yo diría mejor) de la vida.

Hago la salvedad de que no estoy de acuerdo con todo lo que se dice en los grupos de apoyo de adictos de 12 pasos. No obstante, independientemente que difiera de algunas ideas y posturas, la realidad es que me enfoqué en las ideas que si me ayudaron y gracias a eso soy libre del consumo y abuso de drogas al día de hoy.

Como expresé, reconozco que los grupos de apoyo de 12 pasos no es la única alternativa para buscar ayuda. Si alguien intenta grupos de apoyo e 12 pasos y no le funciona o no le gusta, se tiene distintas alternativas, ayudas y tratamientos para bregar con el problema. El problema no es que pienses que una alternativa de tratamiento/programa o sistema para salir del abuso de sustancias no funciona, el problema es no hacer nada o cruzarse de brazos con el problema de la adicción/trastorno de uso de sustancias.

13. Idea de consumir drogas vs. deseo de consumir

Que llegue una idea de consumir drogas a una persona con la condición de adicción o trastorno en el uso de sustancias, es algo normal. La adicción ha desarrollado memorias/recuerdos en el cerebro que han dejado una marca, que provocan que la idea de consumir y abusar de drogas pase por la mente. Lo que no sería normal para una persona liberada del deseo de abusar y consumir drogas es que la idea del consumo le cree ansiedad.

En estos años que he sido liberado plenamente del deseo de consumir drogas, he pasado por situaciones y problemas difíciles y en alguna ocasión tuve la idea de que si consumía drogas, se me olvidaría el problema. Pero ¡¡¡HELLO!!! Ese pensamiento muera básicamente al instante, porque no lo elaboro, no coqueteo con la idea, porque sé que no puedo consumir drogas para liberarme de mis problemas. Sé, sin lugar a dudas, que por más mala sea mi situación de vida, si consumo y abuso de la droga de mi preferencia para enfrentar problemas, irremediablemente voy a estar peor, mi vida se convertirá en un infierno mayor.

14. Soñando con drogas

Otra cosa que le puede pasar a alguien con problemas de adicción que deja de consumir y abusar de drogas, es que comience a soñar con el consumos y abuso drogas. No recuerdo haber soñado con usar drogas mientras estuve con la adicción activa consumiendo. ¿Para qué, si estaba todo el día consumiendo drogas? Ahora bien, dejé de consumir cocaína y comencé a tener sueños relacionados con drogas. Y estos sueños se sentían muy reales, sentía que estaba endrogándome de verdad. De hecho, muchas veces me levanté pensando que había consumido drogas y que había perdido mi tiempo libre del consumo de drogas, que había recaído. Pero, cuando me percataba que era un sueño, sentía una paz espectacular, porque no había consumido ni abusado de drogas.

He escuchado historias de personas adictas que están luchando por dejar de consumir drogas y que se deprimen al soñar que consumieron drogas. Incluso, personas con el problema de adicción me han dicho que el sueño les despierta el deseo de consumir. Pero, debido a que soñar con drogas es lo más normal para un adicto que está dejando de consumirlas, se puede utilizar esta experiencia como una señal que estamos haciendo las cosas bien.

Ciertamente a través de los años los sueños relacionados a drogas han disminuido sustancialmente. Cuando experimento en la actualidad sueños con drogas, es porque estoy atravesando algún momento difícil y estresantes. Este sueño con drogas es un indicador de que tengo que manejar mejor mis emociones ante las situaciones que estoy enfrentando en el presente…pero, no será una opción manejar la situación/problema consumiendo y abusado de drogas que afectan negativamente mi vida.

15. Herramientas de vida para perder el deseo de consumir y abusar de drogas

A continuación, se presentan unas herramientas de vida las cuales se han mencionado en este libro. Estas herramientas son, a mi parecer, esenciales para vivir libre del deseo de consumir y abusar de drogas:

i. Dejar de consumir y/o abusar de las drogas que te hacen daño. Suena difícil, pero es la parte más sencilla del proceso de ser libre.
ii. Desarrollar el entendimiento y conocimiento de lo que es la condición de adicción / trastorno en el uso de sustancias.
iii. Aceptar que no se puede consumir drogas con éxito, si se tiene la condición de adicción a drogas.
iv. Relacionarte con personas que han podido dejar de consumir y abusar de drogas y han perdido el deseo de consumir drogas.
v. Buscar las alternativas que existen en la actualidad para bregar con el problema en el consumo y abuso de drogas.

No todas las herramientas expresadas les funcionan a las personas por igual. Lo importante es que las herramientas que pongas en práctica te funcionen. Y ¿Cómo sabes si te funcionan? Sencillo, porque dejas de consumir y/o abusar de drogas y te liberas del deseo de consumir y/o abusar de drogas. Si lo que haces para dejar de consumir o abusar de drogas no provoco cambios en ti, es hora de hacer cosas diferentes. A continuación, profundizamos un poco en las 4 herramientas expresadas:

i.   DEJAR DE CONSUMIR Y/O ABUSAR DE LAS DROGAS QUE TE HACEN DAÑO. SUENA DIFÍCIL, PERO ES LA PARTE MÁS SENCILLA DEL PROCESO DE SER LIBRE.

Antes de yo aceptar que tenía un problema de adicción, yo estaba bastante claro que las drogas estaban fastidiando mi vida. Yo deje de consumir drogas, sin entender a plenitud que era la adicción a drogas / trastorno en el uso de sustancias y sin entender que no tenía la capacidad para consumir drogas ilegales con control, con éxito, debido a mi condición activa de adicción. Lo que sí entendía es que el abuso de drogas que tenía estaba fastidiando demasiado mi vida. En mi proceso para poder dejar de consumir y abusar de drogas utilicé las siguientes técnicas:

• <u>No acariciar la idea de consumir.</u>

Ponerse a meditar en la idea o pensamiento de consumo se tiene que evitar. Cuando alguien con la condición de adicción a drogas se pone a "acariciar" la idea de consumir drogas, está entrando en un terreno MUY peligroso. Lo más probable se va a ir a consumir.

Recuerdo que, en una ocasión, antes de ser liberado del deseo de consumir, pero tratando de dejar de consumir, llevaba par de semanas sin usar sustancias. Estaba solo en mi casa con dinero, el hijo estaba en la escuela y la pareja estaba en su trabajo. Se me ocurrió la idea de consumir. Me decía algo así: "Contra, voy a estar solo por varias horas... puedo endrogarme un rato y por la tarde estar bien cuando lleguen el nene y la esposa...pero no, no debo hacerlo porque llevo dos semanas sin consumir...pero el punto está cerquita y la droga está buena allí...no debo...pero estoy solo".

La idea que tuve de consumir drogas desarrolló en mí un deseo de consumir drogas e inescapablemente fui a consumir drogas, porque todavía no había sido liberado del deseo y no busqué la ayuda adecuada para bregar con el problema del deseo de consumir. No se puede acariciar la idea de consumir o quedarse "enganchao" en la idea de consumir. Cuando se tenga un pensamiento de consumir, tienes que hacer otra cosa, que te ayude a sacar el pensamiento de drogas. Lo más adecuado es comunicarte con persona que compongan tu grupo de apoyo para expresar lo que te está ocurriendo (Ej: grupo de 12 pasos, otros grupos de apoyo, psicólogo, siquiatra, consejero, familiares, miembros de iglesia etc.). El valor de ser honesto y decirle a alguien de apoyo que tienes deseo de consumir, puede provocar un cambio muy favorable en el proceso de salir de la adicción activa a drogas.

Tengo que enfatizar lo importante de llamar a alguien (de hecho, toco la sugerencia otra vez ya mismo). No se puede limitarse a buscar la fuerza de voluntad para no consumir, ni buscar información, hacer meditación u orar para no consumir. Busca apoyo en otro ser humano. No te limites a tu fuerza de voluntad, que lo más probable en ese momento de vulnerabilidad de querer usar y abusar de drogas, esa fuerza de voluntad sea bastante floja. ¿No quieres llamar? LLAMA A ALGUIEN y expresa lo que te está pasando... ¿Quieres orar para que se vaya el deseo de consumir y abusar de drogas? Bien, ora, pero LLAMA a alguien y cuéntale que estas llamando porque le estas pidiendo el apoyo para no consumir. Como dice en mi pueblo: "orando, pero con el maso dando".

En mi experiencia y por lo problemática o vergonzoso que puede ser llamar a otra persona para decirle que se tiene deseos de consumir, me funcionó tener un grupo de apoyo de personas que habían tenido problemas con adicción. Sabía que esas personas que pasaron cosas similares a las mías no me juzgarían del todo mal por la llamada.

- <u>No consumir o abusar de sustancias, pase lo que pase.</u>

Esta sugerencia es difícil para alguien que tiene el deseo de consumir drogas. Para mí, ahora es muy fácil decir que no consumo ni abuso de drogas, pase lo que pase, porque estoy plenamente liberado del deseo de consumir y abusar de ellas. Pero para una persona que está luchando con la obsesión de consumir drogas, no es fácil. La forma en que yo encontré y que me funcionó para alcanzar la liberación plena del deseo de consumir drogas fue iniciar el proceso sin consumir las drogas de las cuales abusaba.

Recuerdo una ocasión en la que estaba dialogando con una persona que tenía problemas graves con el consumo y abuso de drogas, que asistía a los grupos de apoyo de 12 pasos al igual que yo. Esta persona me comentó que estaba tratando de dejar de consumir, pero que lo estaba haciendo poco a poco. No estaba recibiendo otro tipo de ayuda o asistencia médica/terapéutica para lidiar con su problema de adicción. Cuando me dijo eso, algo no me cuadraba en mis pensamientos. Fue entonces cuando me di cuenta de que dejar de consumir drogas no puede ser simplemente hacerlo poco a poco. La forma que me funcionó para comenzar el proceso de dejar de consumir drogas y perder el deseo de consumir y abusar de ellas fue no consumir las drogas que estaba abusando. Consumir drogas de las cuales se está abusando y existiendo una compulsión en su consumo, hace sumamente difícil, diría yo casi imposible, alcanzar la liberación plena del deseo y obsesión del consumo.

Nota: No todos los procesos o métodos son iguales y es posible que algunas personas puedan entrar en procesos de reducción de daños y reducción en el consumo de sustancias. Pero dicho proceso debe ir acompañado de asistencia médica o terapéutica adecuada. Lo más importante es cambiar la forma de pensar: cuando entras en el proceso de cambiar la idea de abusar de drogas para lidiar con tus problemas, situaciones, tristezas o alegrías, puedes experimentar el cambio trascendental que miles de seres humanos han alcanzado: vivir una vida libre de la atadura mental del consumo y abuso de drogas.

Sé que suena fuerte no consumir ni abusar de drogas pase lo que pase, pero a mi entender es la forma adecuada para alcanzar la liberación plena, junto a un grupo de apoyo, asistencia adecuada y las sugerencias que lees aquí. Yo pude. Tú y otros/as también podrán hacerlo.

- <u>No andar con mucho dinero</u>

Como les relaté, yo quería dejar de consumir drogas porque mi vida se había arruinado demasiado a consecuencia del consumo de drogas. Ya había comenzado a asistir a un grupo de apoyo de 12 pasos y tenía herramientas para lidiar con la situación. Estaba recuperando mi vida. Estaba espiritual. Todo estaba bien hasta que cobré dinero. Resulta ser que yo estaba recuperándome bastante bien porque estaba "pelao", no tenía dinero para consumir y abusar de drogas. Como expresé previamente, en el momento en que tuve dinero, mandé mi recuperación/rehabilitación al cara@% y me fui a consumir drogas.

Entiendo que alguien con la condición de adicción, que no se ha liberado del deseo de consumir drogas, crea un riesgo en su proceso de alcanzar la liberación plena teniendo dinero en efectivo encima. En este sentido, sugiero que busques a alguien en quien puedas confiar para que te ayude en la administración del dinero. En mi caso, le pedí en aquel entonces a quien era mi pareja que me ayudara administrando mi dinero. Familiares, personas del grupo de apoyo de adictos u otra persona en quien confíes pueden ayudarte en esto.

Una vez que experimentes la liberación del deseo de consumir drogas, podrás tener todo el dinero que quieras encima y lo único de lo que tendrás que preocuparte es de que no te lo roben; no estarás preocupado por tener deseos de consumir y abusar de drogas. Pero, al principio del proceso, lo más conveniente es andar con poco dinero encima.

- <u>Llamar a un adicto liberado del deseo de consumir drogas.</u>

¿Llamar yo a una persona que no está consumiendo drogas y decirle que quiero consumir drogas? Ni pal cara%@ iba a ser eso yo. Si yo llamaba a alguien cuando tenía el deseo de consumir, era para que me ayudara a conseguir drogas. Pero mi experiencia fue que mientras no llamaba a nadie, teniendo un grupo de apoyo para hacerlo, volvía y recaía en el consumo de drogas. <u>Mi experiencia me ha demostrado que cuando verbalizo con otro ser humano mi situación que quiero superar, le quito poder a esa situación que me está dominando.</u> Siempre que callé que quería consumir drogas, siempre la consumía. Pienso que no decía que quería consumir al grupo de apoyo que tenía porque obviamente ya me había hecho de la idea determinada de consumir y abusar de drogas.

Cuando comencé a llamar por teléfono para decirle a una persona liberada del deseo de consumir drogas, mi problema, fomentó en mí un cambio espectacular.

Recuerdo un evento, en los inicios de mi proceso de recuperación, en donde concurrieron las siguientes circunstancias: 1) tenía par de semanas sin consumir y abusar de drogas, 2) yo iba a generar un dinero de mi trabajo 3) iba a pasar en mi automóvil por un lugar en donde yo acostumbraba a comprar drogas, que era la ruta para llegar a mi hogar y 4) todavía no había sido liberado del deseo de consumir.

Ese día me había preparado mentalmente para que, antes de pasar cerca del lugar que yo compraba drogas, iba a llamar a una persona en específico que se había liberado del deseo de consumir. Pero, cuando pasé por el área donde compraba drogas, junto al hecho de tener el dinero para poder comprarlas, no pude llamar a la persona y el carro, nuevamente, se me fue en "automático" al punto de drogas. Me recuerdo que en ese momento con la bolsa de cocaína en la cara yo me decía: "¿Por qué compraste? No debiste hacerlo. Vas a perder el tiempo limpio acumulado. No lo hagas".

Ahora me rio de eso. Qué clase de ridículo fui. No había escapatoria para mí en ese entonces. Tenía un inmenso deseo de consumir y abusar de drogas y tenía la droga de mi predilección en la cara. Resultado: La bolsita voló en cantos y cómo 8 bolsas más que volví a comprar. Luego de que se me bajo la nota un poco, me dije: "Voy a llamar a la persona específica que iba a llamar y decirle lo que pasó". Llamé a la persona y me mencionó algo que me hizo mucho sentido: "La próxima vez, me llamas antes de consumir" Y fíjese, mejoré en la próxima llamada... pero no tanto. En esta ocasión llamé a otra persona, pero la llamé a mitad del consumo. Nuevamente iba a pasar por otro lugar en donde yo compraba drogas, tenía dinero, deseos de consumir drogas y pensé en hacer la llamada antes de comprar. No pude hacer la llamada, el deseo era muy fuerte, compré drogas. Pero me dije: "Cara%@, tienes que hacerlo distinto" y cogí y llamé a esa otra persona en medio del consumo, para decirle mi problema de que estaba consumiendo. No recuerdo nada de aquella conversación más allá de decirle que tenía drogas y que estaba consumiendo.

No obstante, luego de pasar por esa experiencia y no morirme por el consumo, esas llamadas realizadas promovieron en mí el que me comunicara, más frecuentemente y antes de consumir, con otras personas, que habían sido liberados del deseo de consumir drogas. ES PODEROSO LLAMAR A OTRA PERSONA QUE ESTÁ DISPUESTO A ESCUCHARTE, QUE TUVO TU MISMO PROBLEMA, PERO PUDO SALIR DEL MISMO.

- <u>No frecuentar lugares relacionados al consumo.</u>

Hay que cambiar personas y lugares relacionados al consumo de drogas. Si hay deseo de consumir y se está expuesto a drogas, será difícil vencer el deseo. Debido a que el cambiar personas y lugares pudiera representar un cambio muy drástico, es necesario conseguir un grupo de apoyo adecuado que te ayude en el proceso.

- <u>Visualiza realmente lo que va a pasar luego del consumo</u>

Recuerdo lo placentero que era para mí el momento específico de consumir mi droga de mi predilección. He escuchado a personas con la condición de adición que están en "recuperación / rehabilitación", decir que las drogas dejaron de gustarle, adictos que han tenido recaída y han manifestado que ya la droga no les gusta. En mi caso no creo que sea así. Quitando lo fastidiado que me ponía la droga y cómo el consumo de esta me llevaba a cometer actor de locura e irresponsabilidad, independientemente a eso, el momento en que consumía era muy placentero para mí. Es más, para mí, hasta el estar bajando la nota era parte de lo que gustaba...total, estaba sumergido en la miseria de los problemas externos a mí, y parece ser que el problema de sentirme físicamente mal, bajando la nota, era algo que me gustaba.

Luego que entendí mi problema de adicción, me di cuenta de que realmente estaba enfocando inadecuadamente mi placer con el consumo de drogas. Yo quería consumir drogas para sentir placer…quería consumir drogas y tener sexo a la vez para tener mucho placer, pero realmente no podía limitar mi pensamiento de placer al momento del consumo…tenía que ampliar el espectro que estaba considerando y tenía que incluir en mi análisis de placer, el momento de miseria y dolor que acompañaba ese momento específico de placer consumiendo drogas. Y me di cuenta de que, sin fallar, todo sentimiento de dolor y miseria que le seguía a un consumo específico de drogas, por más placentero que haya sido el momento que consumía, por más que haya durado el placer porque me haya encerrado por días a consumir drogas, siempre, invariablemente el dolor y miseria y sufrimiento relacionado a un consumo en específico era mayor al placer:

Nunca falla, el ratito de placer consumiendo drogas jamás superaba al rato de miseria y dolor relacionado a ese consumo placentero. En los grupos de apoyo le dicen a esto que, uno debe pasar la película hacia al frente para ver el final y ver si vale la pena comenzar. Como norma general el final de la película siembre es miseria y dolor, contario al inicio de la película, puro entretenimiento.

Lo expresado no se limita a la cuestión de búsqueda de placer. En muchas, pero muchas ocasiones yo consumía drogas para no tener que enfrentar un problema. Era una solución fantásticamente estúpida: Por más grande que fuese el problema, yo consumía y abusaba de drogas y ya no tenía el problema, porque dejaba de pensar en el problema. Pero, al igual que la búsqueda de placer, si me refugio en las drogas para no tener que pensar o atender un problema, luego que se acabe la droga y el efecto de la sustancia, el problema no solamente seguía estando ahí, sino que lo más probable ese problema iba ser mayor y entonces se vuelve al ciclo estúpido: tengo problemas, me meto drogas para no pensar en el problema, para crearme un problema mayor.

Siendo así las cosas, podemos desarrollar esta simple ecuación:

(Búsqueda de Placer) – (Miseria por consumir) = Miseria

(Evadir Problemas) – (Miseria por consumir) = Miseria y más problemas.

Siempre el resultado va a ser que la miseria y el dolor es mayor, comparado con los beneficios de la búsqueda de placer y evadir problemas a través de las drogas.

Como ya se habrán fijado, lo que quiero expresar es que inequívocamente se puede llegar a una sola conclusión: Realmente si lo que estoy es buscado placer en el consumo y abuso de drogas, tengo que pensar todo lo que va a ocurrir con el consumo y abuso: pasarla bien, y sufrir más que lo que lo pasé bien. O si lo que quiero es olvidarme de un problema, tengo que pensar lo que va a ocurrir luego del consumo de drogas: sentirme peor con el problema sin solucionar. Si tengo esta visión clara, pues entonces ya no puedo consumir pensando que voy a tener un ratito de placer o que puedo aliviar un problema con consumo. Realmente el resultado final, luego de añadirle al placer de consumir, el dolor de ese consumo, o añadir al hecho de que evité pensar en un problema creándome un mayor problema con el consumo, tengo que llegar a la conclusión que el ratito de placer no es tan placentero porque el sufrimiento es mayor. También el ratito de dejar de pensar en el problema no es mejor que el problema mayor que me estoy creando.

Si quiero buscar placer tengo que buscarlo en otro lado que no sea en el uso y abuso de las drogas porque nunca voy a tener tal placer con las drogas sin el sufrimiento mayor que provoca ese consumo. Lo mismo con el asunto de consumir drogas para evadir problemas. Inequívocamente al final del consumo, el problema seguirá estando allí y lo más probable el problema se complicará más porque no se atiende, porque estoy consumiendo y abusando de drogas y para colmo, sigo desarrollando mi problema de adicción a drogas. Si quiero bregar con el problema, tengo que buscar otra alternativa para trabajar con el asunto, porque consumir drogas no es la solución, es crearme más problemas.

ii. DESARROLLAR EL ENTENDIMIENTO Y CONOCIMIENTO DE LO QUE ES LA CONDICIÓN DE ADICCIÓN / TRASTORNO EN EL USO DE SUSTANCIAS.

En términos filosóficos y científicos, el tema de los distintos tipos de adicciones es uno que todavía se debate hasta el día de hoy. Las raíces de las adicciones son múltiples. Sin entrar en detalles científicos (como, por ejemplo, analizar el sistema de recompensa en el cerebro y la conexión del neurotransmisor dopamina con el uso de ciertas drogas que pueden crear un desorden en su consumo), yo, luego de experimentar los estragos de la adicción a drogas, de ser liberado de la adicción activa y de buscar información científica, fisiológica y neurológica sobre la adicción, puedo afirmar lo siguiente: La adicción a drogas es una condición fisiológica de mi cerebro, en la que no puedo controlar el consumo de ciertas sustancias. Dicho consumo se agrava con el tiempo y afecta la funcionalidad de mi cerebro. Puedes buscar en internet imágenes visuales del cerebro (SPECT SCAN) que muestran cómo las drogas afectan el funcionamiento cerebral.

En otras palabras, como norma general, yo no puedo consumir ciertas drogas con éxito si tengo un problema de adicción o trastorno en el uso de sustancias. Si uso drogas en busca de placer o para solucionar mis problemas sin la supervisión adecuada, tarde o temprano abusaré de ellas debido a mi condición cerebral y/o mental que me impide controlar el consumo. Si consumo drogas de las que he abusado y tengo activa la condición de adicción, eventualmente seguiré consumiendo y probablemente volveré a abusar de ellas, sin importar que esto afecte mi profesión, trabajo, matrimonio, hijos, etc.

Permítame decirle que aquí no hay fuerza de voluntad que valga. Por más fuerte que alguien se crea y piense que puede controlar el consumo, tarde o temprano, si tiene la condición de adicción, perderá el control.

Algunos dirán que conocen personas que pueden afirmar que consumen drogas con control (no hablamos aquí de drogas recetadas). Si usted puede controlar el consumo de drogas, entonces lo más probable es que no tenga la condición de adicción. Pero, si tiene la condición de adicción, el consumo de drogas puede provocar un desorden que lleva a la persona a abusar de sustancias, aunque no lo desee, y no tiene nada que ver con fuerza de voluntad.

Se ha demostrado que una persona que deja de consumir o abusar de drogas puede mejorar la estructura de su cerebro y mejorar sus pensamientos, y que con tiempo y cuidado, puede reparar parte del daño causado. Sin embargo, existe una gran posibilidad de que no se pueda evitar tener el rasgo neurológico de la adicción, por lo que siempre existe el riesgo de una recaída en el abuso.

Esto quiere decir que, aunque pase 13 años sin consumir drogas, si vuelvo a consumir drogas de las cuales abusé y tuve un desorden en su uso, puedo activar esa adicción en mí y tengo el riesgo de volver a querer consumir y abusar de drogas.

Fue luego de adquirir mayor conocimiento sobre la condición de adicción que entendí por qué en los grupos de apoyo de adictos se dice que lo que se debe evitar es el primer consumo de drogas. La droga mala es la primera. Si evitamos la primera, evitamos la segunda y todas las demás. Ahora entiendo por qué la primera droga es la más peligrosa: porque no tengo control del consumo y mientras siga consumiendo, nunca podré salir de la condición de adicción activa. Es sumamente difícil, algunos dirían imposible, dejar de consumir si sigo consumiendo. Es increíble para mí pensar que algo tan sencillo como que lo malo era consumir la primera droga no se me había ocurrido durante años de adicción activa.

Es importante aclarar que no necesariamente inmediatamente después de consumir drogas se va a comenzar con un descontrol inmediato. Pero, una y otra vez he escuchado historias de personas con la condición de adicción que, luego de un tiempo sin consumir drogas de las cuales abusaban, vuelven a consumir y dicen que no les pasa nada, y al tiempo están "enganchados" de nuevo. Tarde o temprano, es probable que la adicción activa alcance a la persona. Sin embargo, si no consumes, puedes alcanzar la libertad plena del abuso de drogas, aun teniendo la condición de adicción.

También es pertinente aclarar que no necesariamente porque una persona con la condición de adicción tenga una recaída, eso significa que volverá a cero, perdiendo todo el avance logrado. Pueden existir múltiples razones para una recaída, pero eso no es sinónimo de que se perdió todo lo avanzado. Es importante que la persona que tuvo una recaída busque lo antes posible retomar su camino de recuperación y bienestar. Aclaro que, cuando aquí escribo sobre recaídas, me refiero a que se vuelve al patrón de estar abusando de sustancias. La decisión de usar una sustancia o droga no necesariamente implica una recaía a volver al abuso de drogas, pero eso es tema de otro libro y de recovery coaching.

Una persona que consume drogas teniendo la condición de adicción o trastorno en el uso de sustancias y que supuestamente entiende la adicción lo hace por una de cuatro razones: 1) Todavía está luchando con la adicción activa, 2) Realmente no entiende lo que representa el problema de adicción, 3) Quiere dañarse o suicidarse, o 4) Piensa que es la única o mejor forma de enfrentar su realidad.

Hoy en día, si vuelvo a consumir drogas, es porque lo decido, no porque mi condición de adicción controle mi vida, ya que he alcanzado la liberación plena del deseo de consumir y abusar de drogas. Las drogas controlaban anteriormente lo que hacía, pero ahora, si decido consumir drogas, es porque habré cambiado mi forma de pensar.

iii. ACEPTAR QUE NO PUEDES CONSUMIR DROGAS CON ÉXITO.

Durante toda la lectura de este libro, te habrás percatado de la importancia de aceptar que no se puede consumir drogas con éxito, si se tiene la condición activa de adicción/trastorno en el consumo de sustancias. A continuación, te presento analogías que le he propuesto a personas que quieren de dejar de consumir drogas, que le han hecho sentido y que quizás te puedan hacer sentido a ti.

Analogía 1: Mirando por el binocular

Supongamos que usted se encuentra mirando con unos potentes binoculares la ciudad desde la azotea de un edificio de más de 200 pies de altura. Y mirando por el binocular se percata de una persona que usted ha querido encontrarse con ella hace más de 10 años y no la había podido contactar. Usted se emociona y quiere tratar de que esa persona se fije en usted, que se encuentra en la azotea del edifico de 200 pies. Supongamos que usted observa que esa persona se está montando en un taxi para irse…¿Qué usted haría para tratar de lograr que esa persona se fije en usted? Detenga en estos momentos su lectura y piense en una acción que usted tomaría para lograr la atención de la persona. Luego de haber pensado en una respuesta, verifique si su idea es una de las siguientes alternativas:

a. Pegarle un grito de lo más profundo de su ser para ver si se fija en usted.
b. Seguir a la persona en el taxi con los poderosos binoculares para ver si puede ver a donde va esa persona y rápidamente salir para ese sitio a ver si la consigue.
c. Marcar el ascensor para llegar abajo y pedirle al Dios de su entendimiento que permita que el taxi no se lleva a esa persona o que se dañe el taxi en lo que usted baja.
d. Tirarse por la azotea para llegar en par de segundos abajo (Ah, y por si acaso, no se tiene paracaídas, ni capacidad para volar.)

Sin conocer en este momento cuál de las alternativas anteriores usted escogió, o si usted pensó en una alternativa distinta a las presentadas, estoy seguro, que usted podría intentar lo que sea para tratar de que esa persona se fije en usted, menos la alternativa "d" de tirarse del techo, porque obviamente tirarse por el techo va a provocarle la muerte. Así que, TIRARSE DE LA ASOTEA NO ES UNA ALTERNATIVA. TIRARSE DE LA ASOTEA NO ES UNA OPCIÓN. NO SE PUEDE TIRAR POR EL TECHO. SI SE TIRA POR LA ASOTEA IRREMEDIABLEMENTE SE VA A FASTIDIAR.

Así mismo es con el consumo de las drogas para la persona que tiene la condición de adicción/trastorno en el uso de sustancias: No es una opción, no es alternativa consumir de drogas que se tiene un desorden/problema en su consumo. Una persona que

NO ha experimentado un cambio de mentalidad y tiene la condición de adicción, irremediablemente se va a fastidiar si consume drogas de cuales tiene un desorden/problema en su consumo.

<u>Analogía 2: Respirar debajo del agua.</u>

Cuando pequeño tuve una mala experiencia que me hizo llegar a la siguiente conclusión: NO PUEDO RESPIRAR DEBAJO DEL AGUA. No tengo absolutamente ninguna duda que en mí no existe la capacidad física para poder respirar directamente debajo del agua. Puedo también llegar a la conclusión de que usted, al igual que yo, sabe que no puede respirar debajo del agua.

Supongamos que venga una persona desconocida, se te acerca y te dice: "Aprendí a respirar debajo del agua, te invito a que me acompañes a la playa para que practiques junto a mí la técnica que aprendí, para poder respirar debajo del agua al natural". ¿Qué usted pensaría de esa persona? Detenga en estos momentos su lectura y piense sobre esta situación. Luego de haber pensado, escoja una de las siguientes alternativas, de cuál sería su reacción:

    a. Pensar que esa persona desconocida está loca.
    b. Esa persona desconocida está jugando una broma.
    c. Estás en un programa de televisión de cámara escondida y te están grabando para ver tu reacción.
    d. Nuevamente, esa persona desconocida está loca.
    e. Pensarías intentar realizar esa técnica para verificar si es cierto que se puede respirar al natural debajo del agua.

Sin conocer en este momento la alternativa que usted escogió de las anteriores, o si usted pensó en una alternativa distinta a las presentadas, estoy seguro, que usted podría pensar varias cosas, menor pensar en la alternativa "e": Intentar de practicar la técnica de respirar debajo del agua. Usted al igual que yo sabe que no cuenta con los recursos fisiológicos para poder respirar debajo del agua como puede hacerlo un pez. Creo que realmente usted no le daría consideración en serio respirar debajo del agua, POR QUE SABE QUE NO TIENE LA CAPACIDAD DE RESPIRAR DEBAJO DEL AGUA CON ÉXITO. SI USTED INTENTA RESPIRAR DEBAJO DEL AGUA IREMEDIABLEMENTE SE VA A FASTIDIAR.

De la misma manera, quien tiene una adicción activa y no ha cambiado su forma de pensar NO TIENE LA CAPACIDAD DE CONSUMIR CIERTAS SUSTANCIAS CON CONTROL. Tarde o temprano, debido a la adicción, puede perder el control. Si una persona que aún lucha con la adicción y no ha modificado su mentalidad intenta consumir las drogas de las cuales previamente ha tenido un descontrol, inevitablemente se puede fastidiar. No existe la posibilidad física de respirar bajo el agua, así como tampoco de consumir con control para quienes tienen una adicción activa/trastorno presente en el uso de sustancias.

NOTA: Es posible que, con supervisión médica, se pueda consumir alguna sustancia (con un propósito medicinal) de la cual anteriormente se abusó. Sin embargo, siguiendo la analogía de respirar bajo el agua, la supervisión médica sería como tener un tanque de oxígeno bajo el agua...

Recuerdo una ocasión en la que le expliqué a un joven, que estaba atravesando un mal momento en su adicción activa y llevaba poco tiempo limpio, la analogía sobre poder respirar bajo el agua. Después de explicarle, le mencioné algo así: "Así como estás seguro de que no intentarías respirar bajo el agua sin equipo, estoy seguro de que, si vuelvo a consumir drogas, me voy a perjudicar porque no puedo controlar el consumo."

Le pregunté si pensaba igual que yo, a lo que me contestó que sí. Poco tiempo después, ese joven tuvo una recaída en el consumo y abuso de drogas y hablé con él nuevamente. Le dije algo como: "¿Ves que no pensabas igual que yo? Pensaste que podías consumir, que quizás te perjudicarías un poco y luego estarías bien otra vez. No piensas igual que yo. Más bien piensas que puedes respirar un poco bajo el agua..."

iv. RELACIONARTE CON PERSONAS QUE HAN PODIDO DEJAR DE CONSUMIR Y ABUSAR DE DROGAS.

Mi experiencia me ha demostrado que una ayuda idónea para una persona con problemas de adicción es relacionarse con alguien que haya superado el problema de adicción. No tengo ninguna duda de que, si te comunicas con alguien que realmente se ha liberado completamente del consumo y abuso de drogas y le pides ayuda, esa persona estará disponible para ayudarte. Si resulta que esa persona no te ayuda, no te preocupes; también hay personas liberadas del deseo de consumir y abusar de drogas que no son adecuadas para brindar apoyo. Busca a otra persona que haya superado la adicción; tarde o temprano, encontrarás la ayuda idónea para ti.

Un lugar donde se pueden encontrar personas liberadas del deseo de consumir drogas son los grupos de apoyo de 12 pasos para adictos. También en el coaching de recuperación puedes encontrar personas que han superado la adicción activa y el abuso de sustancias. Además, por experiencia, sé que muchos consejeros en adicción son personas que han superado problemas de adicción activa.

En mi caso, yo busqué apoyo en los grupos de 12 pasos para personas con problemas de adicción. En mi experiencia, no fue hasta que me encontré con alguien con mi mismo problema, pero que lo había superado, que pude encontrar el apoyo adecuado para liberarme del deseo de consumir drogas.

Recuerdo que estando con el problema del deseo de consumir drogas, yo asistía a un profesional de la salud (ya era el tercero que iba), bien reconocido en Puerto Rico, adictólogo, para que me ayudara con mi situación del uso y abuso de drogas. Resultó ser que, en las últimas citas médicas, Iba yo endrogado. El referido adictólogo me dijo: "Hay unos cuartos, grupos de apoyo de 12 pasos, que podrían ayudarte". Interesantemente esa sugerencia dada por el adictólogo fue lo único que me dijo que me funcionó y me cobró también por eso. Por fin mi dinero pagado produjo algo que me funcionó.

v. BUSCAR LAS ALTERNATIVAS QUE EXISTEN EN LA ACTUALIDAD PARA BREGAR CON EL PROBLEMA EN EL CONSUMO Y ABUSO DE DROGAS.

A mí no me funcionó asistir a un adictólogo (excepto referido a grupos de 12 pasos), pero a otras personas le ha funcionado. A otras personas le ha funcionado otros procesos distintos, tales como medicina asistida, siquiatras, consejeros de adicción, recovery coaching, etc. Lo importante es buscar ayuda y que esa ayuda sea la adecuada. Si no se tiene resultados positivos en algún proceso y realmente se ha hecho el esfuerzo indicado en el proceso, puedes buscar otra alternativa/procesos. Hay abundancia de alternativas de ayuda adecuada para bregar con el problema. Y, **¿Cómo saber cuál es una ayuda adecuada? Sencillo, esa ayuda promueve en usted efectivamente dejar de consumir y abusar de drogas y se pierde el deseo de consumir y abusar de drogas.**

16. Cuando alguien con la condición de adicción consume drogas bajo supervisión médica.

Aclaro que es posible que un adicto pueda consumir, bajo supervisión médica, medicamentos controlados, estimulantes u otro tipo de drogas que sean adictivas y creen dependencia, para atender condiciones neurológicas, psiquiátricas o físicas. La experiencia y lo que he observado me ha demostrado que nadie ha buscado ayuda en grupos de apoyo o con profesionales de la salud por consumir una droga medicada bajo la supervisión de un médico y siguiendo las órdenes médicas sobre cómo ingerir el medicamento.

El problema surge cuando la persona abusa del medicamento/tratamiento debido a su condición de adicción. Si este es su caso, debe discutirlo con su médico para abordar la situación adecuadamente. Considero que no se debería consumir este tipo de medicamento si no se ha superado la obsesión con el abuso y consumo de drogas, pero esto debe ser tratado caso por caso con un profesional de la salud.

Les cuento que en un momento dado, cuando la adicción a la cocaína controlaba toda mi vida, descubrí que había un medicamento recetado con atributos similares a la cocaína. Me dije a mí mismo: "Es mejor buscar una orden médica para adquirir ese medicamento y sentir un arrebato similar a la cocaína, sin necesidad de ir a un lugar ilegal para comprar drogas". Entonces acudí a un médico generalista al que creía que podía manipular un poco para que me recetara lo que quería, y así lo conseguí. Recuerdo que básicamente tomé todo el frasco del medicamento el mismo día que lo compré, lo trituré y lo inhalé.

Tiempo después de haberme liberado del deseo de consumir y abusar de drogas, consideré buscar medicación para atender un problema que estaba limitando mi desarrollo: el déficit de atención con hiperactividad. En ese entonces, el psiquiatra que me atendía, quien ya me había tratado durante mi periodo de consumo y abuso de drogas y no me había prescrito previamente ninguna medicación con propiedades adictivas, decidió medicarme con estimulantes adictivos, los cuales también podían encontrarse en lugares donde vendían drogas ilegales.

No obstante, mi perspectiva de vida había cambiado; mi forma de pensar era diferente. Ahora, no buscaba un medicamento para tener un arrebato, sino para mejorar mis destrezas, habilidades y el manejo de mi vida. Consumí los medicamentos estimulantes recetados y los ingerí en las dosis más altas permitidas, conforme a la indicación médica. No abusé del medicamento, no trituré las pastillas para inhalarlas; seguí estrictamente las instrucciones médicas.

Eventualmente dejé de utilizar el medicamento, ya que no veía ningún efecto positivo. Sin embargo, comprobé que podía ingerir medicamentos estimulantes bajo supervisión médica sin caer en el abuso. Para poder hacer esto, es necesario experimentar un cambio de vida y de pensamiento, donde la adicción y el desorden en el consumo de sustancias no dicten la pauta. Si la adicción domina y no hay un cambio de pensamiento, esa medicación puede conducir rápidamente al infierno del consumo y abuso de drogas.

17. Simple solución para un problema que no es fácil, pero que es sencillo atender

En síntesis, resumen y conclusión de todo lo leído es que, yo pude lograr ser libre plenamente del deseo de consumir y abusar de drogas, DEJANDO de consumir drogas de las cuales tuve un desorden, ACEPTANDO mi condición de adicción, ENTENDIENDO mi condición de adicción y TENIENDO un grupo de apoyo adecuado. Haciendo lo anterior, un día a la vez, provocó en mí un CAMBIO en mi comportamiento y forma de pensar.

Los dejo con estas ideas:

1. Un ser humano con la condición de adicción a drogas o que tenga un trastorno en el uso de sustancias no necesariamente está usando y abusando de drogas en el presente ni siempre tendrá problemas con las drogas.

2. Un ser humano con la condición de adicción a drogas enfrenta el riesgo de perder el control del consumo si vuelve a consumir las drogas de las que ha abusado y no ha cambiado su forma de pensar.

3. Tener la condición de adicción o un trastorno en el uso de sustancias no es el problema en sí. El problema surge cuando se consumen drogas de las que se abusa o se tiene un desorden en su consumo. La falta de control de consumo de drogas se debe a un factor biológico/fisiológico/neurológico. No es un problema de fuerza de voluntad, de falta de voluntad o un problema de moral. Si alguien con adicción activa consume drogas, no hay fuerza de voluntad que valga, porque es un asunto que no se tiene control. También, si consume obsesivamente drogas una persona que tiene la condición de adicción, esa persona no lo hace porque sea un inmoral o charlatán, sino porque no puede controlar el consumo de drogas, por su condición de adicción.

4. Una persona que desea estar bien en la vida pero consume drogas perjudiciales y tiene una adicción activa o un trastorno en el consumo, probablemente no ha comprendido completamente su condición de adicción ni en qué consiste esta condición.

5. Una persona con adicción o un trastorno en el consumo de sustancias puede, bajo adecuada supervisión médica, utilizar medicamentos con características adictivas para tratar situaciones de salud física y/o emocional/psiquiátrica, siempre y cuando estos medicamentos se utilicen conforme a las indicaciones médicas. Si no se puede seguir la instrucción médica, es crucial informar al profesional de la salud que la condición de adicción impide seguir las órdenes médicas.

6. Una de las mejores ayudas que puede recibir un adicto a drogas que quiera liberarse de su adicción activa es buscar un grupo de apoyo de personas que hayan pasado lo mismo, pero que ya se han liberado de la adicción activa a drogas. También puede funcionar otras alternativas de apoyo: psicólogos, psiquiatras, tratamiento médico asistido para asuntos de adicción, programas de reducción de daños. Lo importante es que se busque algo que funcione y solo sabrás si funciona si pasa lo siguiente: 1) Se deja de consumir y abusar de drogas, 2) se pierde el deseo de consumir y abusar de drogas.

A mí no se me hizo fácil dejar de consumir drogas. Pero, una vez entre en el proceso real de aceptar y entender mi condición de adicción que estaba destruyendo mi vida, de querer dejar de consumir y abusar de drogas, de comenzar a tener un apoyo adecuado, relacionarme con personas con condición de adicción que fueron liberados del deseo de consumir y abusar de drogas, de hacer cosas distintas, y comenzar a pensar las cosas de forma diferente, se fue el deseo de consumir drogas. Este milagro está también disponible para ti. Solamente tienes que aceptar la ayuda, y verás el milagro en tu vida, de que un día a la vez, puedas dejar de consumir drogas, por el resto de la vida. No es fácil dejar de consumir, pero es sencillo hacerlo, conforme lo acabas de leer en este párrafo. Léelo otra vez.

Por último, a los lectores de este libro que no tienen la condición de adicción les invito a reflexionar sobre lo escrito y sepan que realmente alguien con la condición de adicción puede experimentar una liberación plena, siempre y cuando busque la ayuda adecuada.

Nos veremos por ahí. Yo pude, tú también puedes. Es una mentira pensar y expresar que una persona con la condición de adicción siempre va a tener problemas de consumo y abuso de drogas. Si alguien con la condición de adicción/trastorno en el uso de sustancias busca adecuadamente la liberación plena del deseo de consumir drogas y pone de su parte, la recuperación/rehabilitación es inevitable.

Para contactar a Juan Sierra para talleres, charlas, o recovery coaching, puedes llamar en Puerto Rico al 1-787-452-2208, o escribir correo electrónico: recoverycoachpr@gmail.com

www.ingramcontent.com/pod-product-compliance
Lightning Source LLC
Chambersburg PA
CBHW020327180726
47991CB00019B/1058